KB122985

한자어는 공부의 비타민이다

더숲
THE SOUP

글의 기본은 어휘다. 한 편의 글을 건물에 비유하자면 어휘는 자재다. 말하고자 하는 바를 제대로 표현하려면, 나아가 감동이든 주장이든 효과적으로 전달하려면 정확하고 적절한 말을 골라내는 일을 시작해야 한다. 예를 들어 진흙 벽돌로 63빌딩을 지을 수 없듯, 쓸 수 있는 말이 적거나 그 뜻을 제대로 모른다면 뜻이 아무리 높고 생각이 아무리 아름다워도 이를 글로 제대로 옮기기는 어렵기 마련이다. 쓰기는 물론 읽기, 말하기 활동도 마찬가지다. 즉, 우리 국어 생활 전반에 있어 어휘는 그 무엇보다 중요하다.

그렇다면 우리말, 국어에서 어휘 능력을 탄탄하게 다지기 위해서는 무엇이 중요할까? 바로 한자어(漢字語)다. 한자로 된 낱말, 한자어를 빼고는 우리 언어생활을 할 수가 없는 형편이다. 누군가는 우리말의 70%가 한자어라고도 하니 한자어의 중요성은 두말할 나위가 없다. 공부나 학술활동은 말할 것도 없고, 일상생활에서도 한자어를 쓰지 않는다면 입을 다물고 있어야 할 지경이다. 그만큼 한자어는 우리말을 잘하기 위한 '필수'인 것이다.

하지만 다른 외국어들에 비하자면 한자어에 대한 관심은 매우 적은 편이다. 어찌 보면 한자어에 대한 무관심은 우리말, 우리 언어인 '국어'의 중요성을 인식하지 못한 데서 오는 듯하다. 국어는 적당히만 하면 되는 과목, 일상에 지장을 주지 않을 정도로만 하면 되는 과목이라고 생각하는 것이다. 하지만 국어는 그 어떤 과목보다 중요하다. 탄탄한 국어 실력이 바탕이 되어야만 개념이해가 중요한 과학, 사회, 역사, 수학 등의 다른 과목 공부도 쉽게 잘할 수 있기 때문이다. 논술이며 자기소개서, 토론 및 발표식 면접의 확대 등 최근 입시와 취업 시장의 추세를 살펴보았을 때도, 국어의 중요성이 날로 커지고 있다는 것을 확인할 수 있다.

다시 말하자면 결국 공부를 잘하기 위해서는 국어를 잘해야 하고, 국어를 잘하기 위해서는 그 기본인 어휘가 탄탄해야 하며, 우리말의 다양한 어휘를 습득하기 위해서는 '한자어' 학습이 필수다. 해서 어떻게 하면 한 글자씩 암기하는 분절적인 한자 공부에서 벗어나 쉽고 즐겁게 한자어를 익히고 이해의 폭을 넓힐 수 있을까를 열심히 고민했고, 30년 가까이 글을 쓰고, 글을 매만지는 일을 해오고 있다는 경험을 살려 이 책을 집필했다.

우선 일상생활에서 빈번히 사용되는 어휘를 고르기 위해, 평소 글쓰기 강의 때 첨삭을 위해 받았던 수강생들의 글을 중심으로 한자어를 300개 가까이 골랐고 이후 십대 청소년인 조카 예인이의 눈으로 선별 작업을 거쳤다. 이러한 과정 끝에 100개의 핵심적 표제어를 중심으로 확장된 638개의 어휘를 글 속에 녹여냈다. 또한 한자어를 쉽고 재미있으면서도 제대로 풀어주는 책이 필요하다는 생각에 복잡하고 따분한 사전식 구성은 버리고 신문 기사처럼 흥미로운 이야깃거리를 가득 담았다. 공부에 어려움을 느끼는 학생들뿐만 아니라 품격 있는 언어생활을 하고 싶은 사람들, 다양한 분야에 걸친 상식을 얻고 교양을 쌓고 싶은 사람들도 부담 없이 즐겁게 읽을 수 있을 것이다.

일 년여의 진통 끝에 책을 선보이게 됐다. 우여곡절이 있었던 만큼 무녀리가 아니었으면 하는 소망이 간절하다. 다행히 원고 일부를 먼저 읽어본 조카 예인이는 재미있어 했다. 이 책을 읽는

다른 분들도 그랬으면 좋겠다.

마지막으로 이 책을 통해 일러스트레이터로 데뷔하게 된 딸 새별이, 쉬는 날이면 원고와 씨름하느라 담배를 피워대던 남편을 참아(?) 준 아내 권혜경도 이 책에 힘을 보탰다. 모두 함께 보람을 느낄 수 있기를 바란다.

김성희

차례

1 한자어를 알면 개념 이해가 쉬워진다

2 한자어에 숨은 의미를 알면 문맥 파악이 빨라진다

한자어를 알면 역사가 바로 보인다

한자어를 알면 재미있는 상식, 몰랐던 세상이 보인다

한자어, 모습을 상상하면 단번에 외워진다

괘념, 마음에 두고 걱정하거나 잊지 않는다.
'괘(掛)'는 '걸 괘'라 해서 걸어둔다는 뜻으로 원래는 손(扌·수)으로 점괘(卦·괘)를
기록해 걸어둔다는 뜻이다. '생각 념(念)'은 지금(今·금) 마음(心·심)에 있는
생각을 뜻하는 글자다. 그러니 이 두 글자가 합쳐진 말 괘념은
마음에 걸려 있는 그 무엇을 뜻한다.

한자어를 알면 개념 이해가 쉬워진다

1

'개념 이해'는 곧 어휘의 정확한 이해에서 비롯된다.
'뜻'을 나타내는 글자인 한자어를 통해 단어가 지닌 본래의 의미를 파악할 수 있다.

갈등 葛藤;

칡 갈 / 등나무 등

칡과 등나무가 뒤엉켜 치열한 생존 경쟁을 하다

얽히고설키다

“이런들 어떠하며 저런들 어떠하리 / 만수산 드렁칡이 얽혀진들 어떠하리” 하는 시조가 있다. 조선을 세운 태조 이성계의 아들 방원이 지은 〈하여가〉의 일부다. 이방원이 조선 건국 전 고려의 충신 정몽주의 마음을 떠보고 그를 자기편으로 끌어들이려고 지은 시라고 한다.

여기서 드렁칡이란 산기슭 양지에 얽혀 있는 칡덩굴을 말한다. 덩굴식물인 칡은 요즘 들어 몸에 좋다 해서 차로 마시지만, 예전엔 굶주림을 덜어주는 구황식물이었다. 1960년대만 해도 오래 씹으면 제법 단맛이 나는 간식거리로 쳤다. 이 칡이 한자로

'갈(葛)'이다.

'등(藤)'은 등나무를 가리킨다. 그늘을 만들려고 심곤 하는 덩굴나무로, 굽은 모양을 이용해 의자나 탁자를 만드는 데 쓰이기도 한다.

자, 이 칡과 등나무가 얽혔다고 생각해보자. 이리저리 뒤엉켜 서로 자양분을 빼앗아 크느라 눈에 보이지 않는 생존 경쟁이 치열할 수밖에 없다. 그렇게 개인이나 집단 사이에 이해관계가 달라 서로 적대시하거나 충돌하는 모양을 '갈등'이라 한다.

이 세상에는 다양한 사람, 다양한 조직이 있으니 언제 어디서든 마찰이 일어날 수밖에 없다. 시어머니와 며느리의 갈등, 여야 정치인의 갈등 등 갈등 천지다. 수많은 예술 작품은 사실 그런 갈등을 그린 것이라 볼 수도 있다.

그런데 갈등이 때로는 발전을 위한 힘이 되기에 일부러 갈등을 일으키기도 한다. '미꾸라지론'이 그런 예다. 추어탕 재료인 미꾸라지를 중국에서 주로 들여오는데 수입 과정에서 많이 죽는단다. 이때 미꾸라지 통에 메기를 한 마리 풀어놓으면, 미꾸라지들이 잡아먹히지 않으려고 많이 움직이게 되고 결국 생존율이 높아진다는 이야기다. 조직에 적당한 긴장감과 경쟁심을 유발하고자 외부 인사를 뽑는 경우를 이 미꾸라지론으로 설명한다.

갈등과 비슷하면서도 조금 다른 것이 '내홍(內訌)'이다. '내분(內紛)'과 같은 말로, 집단 구성원들끼리 일으킨 분쟁을 가리킨다. 갈등과 다른 점이라면 내부 다툼이란 것이다. 이때 '어지러울 홍(訌)'은 없는 말(言·언)을 지어낸다(工·공)는 뜻을 담은 글자다.

경륜 經綸;

날실 경 / 다스릴 륜

헝클어진 실타래를 가지런히 하다

조직이나 나라를 운영하는 일 또는 그 계획과 포부

고위 공직자의 임명 절차로 국회 인사청문회가 도입되면서 후보자의 도덕성이 문제가 되는 경우가 많다. 지난 행실이 올바르지 않다며 시비가 일곤 하는데, 이를 두고 능력을 가장 중요하게 검증해야 한다는 반론이 나오기도 한다.

그렇다면 지도자를 뽑을 때 또는 지도자가 되려고 할 때 필요한 것은 '능력'과 '도덕성'이라 하겠는데, 이를 좀 어려운 말로 바꾸면 '경륜(經綸)'과 '인품'이다. 조직이나 나라를 운영하는 일, 또는 그 계획과 포부를 뜻하는 경륜은 지식과 경험을 바탕으로 한다. 그런데 이 경륜이라는 말은 사실 엉뚱한 데서 비롯되었다.

'경(經)'은 실(糸·사)이 물줄기(巠·경)처럼 뻗어 가는 날실을 뜻하는 말로 '날 경'이라 한다. 날실이란 곧게 뻗은 세로줄을 뜻하니 여기서 곧게 이끌다, 다스리다란 뜻으로 바뀌었다. '륜(綸)' 또한 낚싯줄을 가리키는 본뜻에서 낚싯줄을 조정하듯 나라를 다스리는 임금의 말씀이란 뜻을 품어 '다스릴 륜', '낚싯줄 륜'이라 한다. 이 두 글자가 만나 헝클어진 실타래에서 실마리를 끌어내 가지런히 한다는 뜻에서 조직을 다스린다는 뜻을 갖게 되었다.

경(經)이 들어간 말로 우리 곁에서 자주 볼 수 있는 표현은 '경영(經營)'이다. '회사를 경영하다'라는 식으로 쓰이는 이 말은 주로 그때그때의 운영이란 면에 초점이 맞춰져 미래 지향적 비전(vision)을 제시하는 데 소홀하다. 그 점에서 경륜과 구분된다고 할 수 있다. 또 지리학에서 지구 위 위치를 나타내는 좌표에 쓰이는 세로줄 '경도(經度)'에도 쓰인다(가로줄은 위도(緯度)라 한다).

'길다'란 뜻도 있기에 '지날 경'이라 해서, 겪어 지나온 여러 가지 일을 뜻하는 '경력(經歷)'이나 일이 진행되어온 사정을 뜻하는 '경위(經緯)'에도 이 글자가 쓰인다. 베를 짤 때 날실 곧 세로실이 기본이듯 사람됨의 기본을 적어놓은 '경서 경'의 뜻도 있어 《논어》 등 유교 고전을 '사서삼경(四書三經)'이라 한다.

고초 苦楚;

쓸 고 / 가시나무 초

쓰고 가시가 돋쳤을 만큼 어렵고 고되다

쓰디쓴 씀바귀와 따끔한 가시나무가 만나니

고생에 맛이 있다면 무슨 맛일까? 옛사람들은 고생을 쓰다고 보았다. 그래서 어렵고 고된 일을 가리키는 '고생(苦生)'에 '쓸 고(苦)'를 썼다.

'고초(苦楚)'도 마찬가지다. 어려움과 고됨을 뜻하는 이 말은 고생과 비슷한데, 좀 더 짧고 강한 뜻을 담아 쓰인다. 예를 들면 2014년 선수 이적을 둘러싼 구단과의 갈등, 외국 선수의 항명 등 우여곡절을 겪은 끝에 성적 부진으로 결국 감독 자리에서 물러난 프로야구단 SK와이번스의 이만수 감독을 두고 "이만수 감독으로선 온갖 고초를 다 겪은 시즌이었다"라고 표현하는 식이다.

고초는 '쓸 고(苦)'와 '가시나무 초(楚)'가 합쳐진 말이다. 한데 조금 더 들어가면 고(苦) 역시 식물에서 나온 글자임을 알 수 있다. 글자 자체로 보면 풀(艹·초) 같은 나물이 오래(古·고)되어 줄기나 잎이 뻣뻣해지고 쓴맛이 나게 된 모양을 뜻하지만, 여기서는 쓴맛이 나는 식물인 씀바귀를 가리킨다. 씀바귀는 우리나라 어디에서든 흔히 볼 수 있는 국화과의 여러해살이풀이다. 씀바귀 줄기를 자르면 쓴맛이 나는 흰 즙이 나오는데, 입맛이 없을 때 식욕을 돋우는 역할을 한다 해서 이른 봄에 캐어 무쳐 먹는다. 어쨌거나 몹시 쓰다는 특징 때문에 삶의 쓴맛을 표현하는 데 이 글자가 쓰였다.

초(楚)는 글자 모양으로는 수풀(林·림)의 발(疋·소) 부분에서 자라는 나무는 곱다 해서 '고울 초'라고 하고, 이를 회초리로 쓴다 해서 '회초리 초'라고도 한다. 한편 식물로는 찌르는 가시가 돋아 있는 가시나무를 가리킨다.

이렇게 씀바귀와 가시나무를 뜻하는 말이 합쳐져 어렵고 고됨을 표현하는 고초란 낱말이 만들어졌다.

참고로 맑고 깨끗한 아름다움을 뜻하는 '청초(淸楚)'에서 초(楚)는 '고울 초'의 의미로 쓰였다. 또한 아무에게도 도움을 받지 못하는 외롭고 곤란한 형편을 일컫는 고사성어 '사면초가(四面楚歌)'에서 초는 중국 전국시대의 나라 이름을 뜻한다. 사면초가는 한나라 유방이 초나라 항우의 군대를 포위하고는 항우군의 항복을 유도하기 위해 사방에서 초나라 노래를 불렀다는 데서 유래한 말이다.

골자 骨子;

뼈 골 / 접미사 자

말이나 일의 내용에서 중심이 되는 줄기

뼈대가 있어야 바로 선다

고등학교 1학년 때 일이다. 화학 선생님은 수업 시간에 절대 노트 필기를 못 하게 했다. 강의를 받아 적는 것은 물론 칠판에 쓰인 내용을 옮겨 적는 것도 금했다. “글씨 연습할 필요 없다. 나중에 출세해서 받아 적는 사람을 부리면 된다”는 주장이었다. 그 독특한 방식을 이제 와 돌이켜보면 수업 시간에는 강의에 집중하고 필기는 쉬는 시간에 하라는 깊은 뜻이 담겼던 듯하다. 왜냐하면 그 선생님은 칠판 왼쪽 위에서 오른쪽 아래까지 빽빽이 핵심을 정리하면서 한 번도 지우지 않았기 때문이다.

그러나 한창 놀기 좋아하고 피 끓는 10대들 가운에 황금 같은 쉬는 시간 10분을 필기하는 데 보낼 친구가 몇 명이나 되겠는가. 학급에서 몇 안 되는 모범생이나 우등생 빼고는 쉬는 시간이면 대부분 운동장에 나가 뛰노느라 바빠 수업 내용을 노트에 옮겨 적는 일은 뒷전이었다. 나의 결과는? 성적이 떨어지고, 흥미를 잃고, 결국 과학과는 영 인연이 없는 진로를 걷게 됐다.

그 당시 내가 놓쳤던 것, 곧 칠판에 적힌 내용이 수업의 '골자(骨子)'다. 즉 말이나 일의 내용에서 중심이 되는 줄기다. 여기서 '골(骨)'은 뼈를 뜻한다. 살 속에 들어 있는 딱딱한 심, 곧 뼈의 모습을 그린 글자다. '자(子)'는 접미사로, 의미 없이 붙은 것이다. 골자는 중요한 것을 뜻한다. "이런저런 소리 할 것 없이 골자만 말해봐"라고 할 때는 하고자 하는 말에서 중요한 내용만 추려서 이야기하라는 뜻이다. 동물을 예로 들어봐도 뼈가 없다면 벌레다. 어류, 조류, 파충류, 포유류 등은 모두 뼈가 있다. 생물학적으로야 어떻게 분류할지 몰라도 뼈가 없는 동물은 뼈가 있는 동물에 비해 취약하다. 그만큼 뼈가 중요하다.

골(骨)과 비슷한 모양이면서 영 다른 뜻을 가진 것이 '활(滑)'이다. 뼈(骨·골)처럼 딱딱한 것에 물(氵·수)이 묻으면 어떻게 될까? 미끄럽다. 그래서 '미끄러울 활'이라 한다. 비행기가 미끄러지듯 뜨고 내리는 '활주로(滑走路)', 스키를 타고 비탈진 언덕을 미끄러져 내려오는 '활강(滑降)'에 쓰인다.

아, 조심해야 할 것이 있다. 미끄러우면 어지럽다 해서 '어지러울 골'로도 읽힌다. 풍자와 교훈을 버무린 유머를 일컫는 어려운 한자 '골계(滑稽)'가 바로 이런 경우다.

골자와 같은 뜻인 순수 우리말로는 '고갱이'를 들 수 있다. 고갱이는 본래 풀이나 나무의 줄기 한가운데에 있는 연한 심을 뜻하지만, 사물의 중심이 되는 부분을 비유하는 말로도 쓰인다.

괘념 掛念;

걸 괘 / 생각 념

마음에 두고 걱정하거나 잊지 않는다

마음에 앙금이 남다

형과 싸웠다. 화난 김에 겁쟁이 바보라고 욕을 했다. 화가 풀리니 걱정스럽다. 형에게 사과는 했지만 찜찜하다. 이럴 때 어머니가 하시는 말씀. "형도 네가 화나서 한 말인 줄 알고 있으니 너무 괘념치 마라." 그런데 '괘념(掛念)'이 무슨 뜻이지 싶을 게다.

괘념은 마음에 두고 걱정하거나 잊지 않는다는 뜻이다. '꺼림칙해하다', '마음에 앙금이 남다'와도 비슷하다. 글자를 곰곰 뜯어보면 그 뜻이 분명해진다.

'괘(掛)'는 '걸 괘'라 해서 걸어둔다는 뜻으로 원래는 손(扌·수)으로 점괘(卦·괘)를 기록해 걸어둔다는 뜻이다. 그리고 '점괘 괘

(卦)'는 위는 둥글고 아래는 네모난 옥으로 만든 홀(圭·규)처럼, 점(卜·복)을 치면 반짝이며 나오는 점괘를 가리키는 글자다.

'생각 념(念)'은 지금(今·금) 마음(心·심)에 있는 생각을 뜻하는 글자다. 그러니 이 두 글자가 합쳐진 말 괘념은 마음에 걸려 있는 그 무엇을 뜻한다.

생각해보자. 벽에 뭔가 걸려 있으면 자꾸 볼 수밖에 없다. 그러다 보면 잊히지 않는다. 결국 머리카락에 붙은 껌처럼 꺼림칙한 것이 바로 괘념인데, 보통 '괘념하다'라고 쓰이는 일은 드물고 '괘념치 말라'처럼 부정 화법으로 쓰인다. 마음에 담아두지 말라는 뜻이다.

비슷한 말로 '개의(介意)'가 있다. 사람(人·인) 사이에 있는 모양을 그린 '끼일 개(介)'와, 소리(音·음)와 마음(心·심)이 합쳐진 '뜻 의(意)'가 만나 어떤 일을 마음에 두고 신경 쓴다는 뜻을 나타낸다. 괘념과 개의를 혼동해 '개념치 않다'거나 '괘의치 말라'고 잘못 쓰는 경우가 있으니 조심해야 한다.

'걸 괘'가 쓰이는 말이 하나 더 있다. 수업할 때 칠판 대신 사용되는 그림이나 글자가 들어간 그림판, '괘도(掛圖)'다. 요즘 학습 부교재들이 많이 디지털화되어 그럴 일이 별로 없지만, 예전에는 공부 요점을 정리해 놓은 괘도가 교실에 걸려 있곤 했다. 또 이제는 괘도란 말 대신 '걸그림'이라는 말로 고쳐 부르고 있다.

이 걸그림과 비슷한 것이 '걸개그림'이다. 건물 밖 벽에 걸 수 있도록 그린 큰 그림이다. 그중 구호 등을 적어 내거는 큰 천을 '현수막(懸垂幕)' 또는 '플랭카드'라고 하는데 '플래카드(placard)'가 맞는 표기다.

교편 教鞭;

가르칠 교 / 채찍 편

때리며 가르친다는 뜻이 담긴 회초리

'사랑의 매'는 예전에도

자녀나 학생을 가르치면서 물리적 폭력을 쓰는 것이 바람직한지 아닌지를 두고 논란이 끊이지 않았다. 요즘은 "꽃으로도 때리지 말라"는 것이 대세이긴 하지만, 인류 역사를 보면 매질 또는 회초리질은 오래도록 교육과 함께해왔다. 서양에도 "매를 아끼면 자식을 망친다(Spare the rod, spoil the child)"는 속담이 있는 것을 보면 동서고금이 크게 다르지 않은 듯하다.

우리도 마찬가지다. 교사로 일하는 것을 두고 '교편(教鞭)'을 잡는다고 표현하는 것이 바로 그렇다. 물론 교편의 사전적 뜻은 교사가 수업이나 강의를 할 때 필요한 사항을 가리키기 위해 사

용하는 가느다란 막대기지만, 낱말을 살펴보면 '채찍'을 뜻하니 말이다.

'편(鞭)'은 막대에 가죽(革·혁)끈을 달아 이리저리 편(便·편)하게 휘두르는 채찍을 뜻한다. 이것이 '가르칠 교(敎)'와 만났는데, 교(敎)는 노인(老·노)이 자식(子·자)을 때리며(攵·복) 가르친다는 뜻의 글자다. 애당초 고대 중국에선 '가르치다'에 '때리다'란 뜻이 담겨 있었다. 그러므로 교편이 학습 능력을 높이고 주의를 끌기 위해 또는 그릇된 것을 바로잡기 위해 쓰이는 회초리를 가리키는 것은 당연하다.

자, 여기서 흔히 쓰이지만 따지고 보면 무시무시한 말이 나온다. 업무와 관계된 웃어른이나 여러 사람을 처음 만났을 때 종종 "앞으로 많은 지도 편달을 바랍니다"라고 하는 인사말이 그 주인공이다. '지도(指導)'는 어떤 목적이나 방향으로 남을 가르쳐 이끈다는 뜻이니 받을 만하지만, '편달(鞭撻)'은 알고 나면 함부로 쓰지 못할 말이다. '편(鞭)'은 앞서 이야기했듯이 채찍이고, '달(撻)'은 '매질할 달'이라 해서 (소나 말 등이 목적지에) 빨리 이르도록(達·달) 손(扌·수)으로 매질한다는 뜻이기 때문이다. 아무리 사랑의 매니 뭐니 해도 맞기를 좋아할 사람은 없을 테니 지도와 편달을 습관처럼 바랄 것은 아니다.

한편 '채찍 편'이 들어간 말로 자주 쓰이는 것이 '주마가편(走馬加鞭)'이다. 주마가편은 달리는(走·주) 말(馬·마)에 채찍질(鞭·편)을 더한다(加·가)는 고사성어로, 잘하는 사람이 더욱 잘 하도록 자극을 준다는 뜻이다.

교활 狡猾;

교활할 교 / 교활할 활

간사하고 얕은 꾀가 많다

간사하고 능청스럽고 음흉한 신화 속 상상의 동물들?

'비(蜚)'라는 동물이 있다. 소와 비슷하게 생겼는데, 머리가 하얗고 눈 하나에 뱀 꼬리가 달렸다. 매우 불길한 짐승이다. 이 짐승이 걸어 다니면 근처 강물이 마르고 초목이 말라 죽는다. 전염병이 돌기도 한다.

실제로 이런 동물은 없다. 고대 중국의 백과전서인 《산해경(山海經)》에 나올 따름이다. 이 책은 당시 사람들의 짧은 지식에 상상력이 보태져 요즘 보면 신화집에 가깝다. 어쨌든 이 상상 속 동물이 오늘날에도 살아 숨 쉰다. 바로 근거 없이 퍼지는 뜬소문을 가리키는 '유언비어(流言蜚語)'에 등장하는 것이다.

한자어에는 이처럼 동물에 빗대 뜻밖의 의미를 나타내는 말이 적지 않다. 대표적인 것이 간사하고 얕은 꾀가 많음을 나타내는 '교활(狡猾)'이다. 여기서 교(狡)는 개(犭·견)와 사귀는(交·교) 듯하다는 뜻이고, 활(猾)은 꼬리 치던 개(犭·견)가 갑자기 뼈(骨·골)를 물어뜯듯이 변하는 모습을 담고 있다. '교활할 교(狡)', '교활할 활(猾)'이라 하지만 원래는 상상 속의 산짐승과 바다짐승을 가리키는 글자다.

'교'는 겉모습과 짖는 소리가 개를 닮았지만 표범 무늬가 있고 뿔이 달린 괴상한 짐승이다. 이놈이 나타나면 풍년이 든다는데 애만 태우다가 끝내 나타나지 않는단다. '활'은 사람 형태인데 온몸에 돼지 털이 나 있다. 호랑이를 만나면 몸을 공처럼 뭉쳐 잡아먹히고 호랑이 뱃속에서 내장을 파먹고는 유유히 걸어 나온다는 음흉한 동물이다.

이 둘이 만나 간사하고 능청스럽고 음흉함을 상징하게 되었다. 이처럼 교활은 텔레비전 사극에도 종종 등장하는 간신에게 어울리는 말이다.

동물에서 비롯된 낱말이 또 있다. 계획이 실패로 돌아가거나 기대에 어긋나 매우 딱한 처지가 된 것을 뜻하는 '낭패(狼狽)'다. 각 글자 왼편에 개(犭·견)가 붙은 데서 짐작이 가듯 둘 다 동물을 가리킨다. 각각 '이리 랑'과 '이리 패'라 읽지만, '낭(狼)'은 뒷다리가 없거나 아주 짧은 동물이고, '패(狽)'는 앞다리가 없거나 짧은 동물이란다. 이 둘은 같이 움직이는데, 서로 떨어지면 움직이는데 크게 불편할 수밖에 없다. 이처럼 일이 어그러지고 아무 일도 못 하게 되는 당황스런 경우에 "낭패를 당하다"거나 "낭패를 겪다"라고 표현한다.

나락 奈落;

어찌 나 / 떨어질 락

벗어날 수 없는 극한 상황

끝없는 낭떠러지

"5연패 이후 끝없는 나락으로 떨어진 팀"이라 할 때 '나락(奈落)'은 무슨 뜻일까? 사실은 조금 과장된 표현이다. 나락은 불교 용어로, 지옥을 뜻하는 산스크리트어 '나라카(naraka)'를 한자어로 옮긴 것이기 때문이다. 원래 나라카는 밑이 없는 구멍이란 뜻이었다. 어쨌든 오늘날 지옥이란 의미로 쓰이는 경우는 거의 없다. 원래 뜻에 가깝게, 도저히 벗어날 수 없는 극한 상황을 비유하는 말로 쓰인다. 곤경에 처했을 때 흔히 "나락으로 떨어졌다"거나 "절망의 나락에 빠졌다"고 표현하는 식이다.

이때 '나(奈)'는 '어찌 나' 또는 '어찌 내'라고도 하는데, 자기 잘못이 커(大·대) 보여서(示·시) 어쩔 줄 모르는 모양을 나타낸다고 이해하면 된다. '낙(落)'은 풀(艹·초)에 맺힌 물(氵·수)방울이 각각(各·각) 떨어지는 모양을 그린 글자로 '떨어질 락'이라 한다.

이처럼 우리 곁에는 일상 언어로 자리 잡은 불교 용어가 많은데, '야단법석(野壇法席)'과 '이판사판(理判事判)'이 좋은 예다. 야단(野壇)이란 야외에 세운 단을 가리키고 법석(法席)은 불법을 펴는 자리를 일컬어, 야단법석은 야외에 마련하여 부처님의 말씀을 듣는 자리라는 뜻이다. 석가가 영취산에서 《법화경》을 설법했을 때 3백만 명이나 모였다니, 얼마나 시끌벅적하고 어수선했겠는가. 여기서 경황이 없고 시끌벅적한 상태를 가리키는 말로 야단법석이 쓰이게 되었다.

막다른 데 이르러 어찌할 수 없게 된 지경을 뜻하는 이판사판은 불법 연구에 전념하는 이판승과 절의 살림을 맡은 사판승을 두루 가리키는 말이었다. 그런데 조선 시대에 승려의 도성 출입을 금하는 등 불교를 억압하자, 승려가 되는 것은 막다른 선택이라는 뜻에서 오늘날의 의미를 갖게 되었다는 설이 유력하다.

돈도 없으면서 아무 일도 하지 않고 게으름을 피우는 사람을 가리키는 '건달(乾達)' 또한 불교 용어에서 비롯되었다. 건달은 수미산 남쪽 금강굴에 살며 제석천의 음악을 관장하는 신(神)인 건달바(乾達婆)에서 온 말이니, 원래는 그리 나쁘지 않은 뜻이었다.

낙제 落第;

떨어질 낙 / 차례 제

시험에서 떨어지다

성적이 나빠 급제를 못 하다

혹시 '급제(及第)'란 말을 들어보았는가? 시험이나 검사 따위에 합격했음을 이르는 말인데, 요즘은 거의 안 쓰인다. 대신 '합격'이라고들 한다. 예전엔 학년이 올라가는 것도 급제라 했다. 해가 지나면 저절로 상급 학년으로 올라가는 게 아니라, 성적이 못 미치는 학생은 '낙제(落第)'하고 같은 학년을 다시 다녀야 했기 때문이다. 그렇게 다시 같은 학년을 다니는 것은 '유급(留級)'이라 했다(요즘 초·중·고등학교에는 낙제 제도가 없는 것으로 안다. 대학에서는 성적이 나빠 과락(科落)이 된 과목을 다시 배우게 하니, 작은 낙제라 할 수 있다).

낙제는 '떨어질 락'과 '차례 제'가 만난 낱말이다. '제(第)'는 원래 대나무의 마디 차례를 뜻하는 말로, 글자 모양으로는 대나무(竹 · 죽) 마디나 아우(弟 · 제) 순서를 가리킨다. 이것이 등급을 뜻하게 되었고, 다시 과거(科擧)에서 매기는 성적도 뜻하다가 아예 과거 자체를 뜻하기도 했다. 물론 과거가 없어진 오늘날에는 차례란 뜻만 남아 '제일(第一)', '제이(第二)' 하는 식으로 쓰인다.

한편 '낙(落)'은 풀(艹 · 초)에 맺힌 물(氵 · 수)방울이 제각각(各 · 각) 떨어지는 모양을 나타낸다. 떨어지는 나뭇잎 곧 '낙엽(落葉)'이나 범위에 들지 못해 떨어지거나 빠지는 '탈락(脫落)', 높은 곳에서 떨어지는 '추락(墜落)'에 쓰인다.

이왕 이야기가 나온 김에 과거와 관련된 낱말을 몇 가지 살펴보자. 먼저 낙제와 비슷한 말로 '낙방(落榜)'이 있다. 사전에는 (과거) 시험, 모집, 선거 따위에 응했다가 떨어지는 것을 가리키는 말로 풀이되어 있다. 낙방은 과거 합격자 명단인 방목(榜目)에서 빠졌음을 뜻하는 낱말이다. 엄밀히 말해 낙제는 점수 곧 성적이 좋지 못한 것이고, 낙방은 불합격이란 뜻이다.

시험 답안지는 시권(試券)이라 했는데, 합격자에게는 시권을 돌려준 반면 낙방 시권은 호조에 보내 다양하게 활용했다고 한다. 《중종실록》에는 낙방 시권으로 가난한 군사들의 옷을 만들어달라고 했다는 기록도 있다.

또 답안지에 응시자의 이름을 적는 것은 녹명(錄名)이라 했는데, 여기에는 단순히 본인 이름뿐만 아니라 증조할아버지와 외할아버지의 관직과 이름 및 본관까지 적도록 했다니, 과거는 실력은 물론 집안까지 따졌음을 엿볼 수 있다.

난감 難堪;

어려울 난 / 견딜 감

이럴 수도 저럴 수도 없는, 감당하기 어려운 상태

견딜 재간이 없네

컴퓨터게임 고수여서 아이템을 많이 가졌다고 친구에게 자랑을 했더니 좀 나눠달라고 한다. 실제로는 초보를 간신히 면한 정도여서 가진 아이템이 없는데 말이다. 그렇다고 안 주겠다고 하면 허풍 친 게 들통이 나거나 쩨쩨하다는 말을 들을 것 같아 걱정이다.

이럴 때 기분을 '난감(難堪)'하다고 한다. 어려운 기분이란 뜻이 아니다. 이럴 수도 없고 저럴 수도 없는 딱한 처지, 그러니까 감당하기 어려운 상태를 난감하다고 한다. '어려울 난(難)'과 '견딜 감(堪)'이 합쳐진 낱말이다.

'감(堪)'은 흙(土·토)처럼 심하게(甚·심) 다루어도 견뎌낸다는 뜻을 담은 글자로, 어려움을 참고 버티어 이겨냄을 일컫는 '감내(堪耐)'나 일 따위를 능히 해내거나 견디어낸다는 뜻의 '감당(堪當)' 등에서 볼 수 있다. 좀 더 뜯어보면 재미있는 사실을 알 수 있다. '심할 심(甚)'은 달콤한(甘·감) 짝(匹·필)들의 사랑이 너무 심하다는 뜻으로 풀이할 수 있어서다. 요즘 길거리나 공원처럼 많은 사람들이 오가는 장소에서도 노골적으로 애정을 표시하는 커플들 때문에 눈살을 찌푸리게 되는 경우가 있는데, 예전에도 이런 모습을 보이는 연인들이 있었나 보다.

'난(難)'은 진흙(堇·근)에 빠진 새(隹·추)가 날기 어렵다는 뜻을 담은 글자로, 어려움과 쉬움의 정도를 가리키는 '난이도(難易度)', 이해하기 어렵다는 '난해(難解)', 남의 잘못이나 결점을 책잡아서 나쁘게 말하는 '비난(非難)' 등에 쓰인다.

여기서 하나 주의할 말이 있다. '피난'과 '피란' 중 어느 것이 맞는 말일까? 언뜻 두음법칙을 생각해 피란이 맞지 싶지만, 실은 둘 다 맞는 말이다. 단, 뜻이 다르니 구분해서 써야 한다. 피난(避難)은 산불이나 홍수 등 재난을 피하여 멀리 옮겨 감을 뜻하는 말이다. 그리고 피란(避亂)은 전쟁이나 반란 등 난리를 피해 옮겨 간다는 뜻이다. 즉 임진왜란 때 피란민은 있어도 피난민은 없었다.

낭비 浪費;

물결 낭 / 쓸 비

시간이나 재물 따위를 헛되이 사용하다

물처럼 헤프게 쓰다

어떤 사람이 휴대전화를 서너 대 갖고 있다고 하자. 이를테면 업무용, 가족용, 친구용으로 각각 하나씩 말이다. 보통은 이 전화들을 한꺼번에 쓸 일이 없다. 그러니까 썩 필요하지도 않은 물건을 갖고 있는 셈이다.

이럴 때 돈을 낭비(浪費)했다고 한다. 시간이나 재물 따위를 헛되이 헤프게 쓰는 것을 뜻한다. 앞선 예처럼, 본인이 얼마나 부유한지를 떠나 헛되이 헤프게 썼으니 휴대전화를 사려고 쓴 돈은 낭비했다고 볼 수 있다. 이때 '낭(浪)'은 보기 좋게(良·량) 흔들리는 물(氵·수), 즉 물결을 뜻하는 문자로 '물결 랑'이라 한다. 바람과

물결을 아울러 이르는 '풍랑(風浪)', 정한 곳 없이 이리저리 떠돌아다니는 '방랑(放浪)'에 쓰인다. '유랑(流浪)'은 정처 없이 흐르는 물결이란 뜻을 품고 있다.

또 물결치듯 멋대로 한다 해서 '함부로 랑'이라고도 하는데, 낭비에서는 바로 이런 뜻을 가졌다. 흔히 흥청망청 마구 쓰는 모양을 일컬어 물 쓰듯 한다고 하지 않는가. 물론 요즘은 물 부족 국가도 등장하고 머지않아 전 세계적으로 물이 귀한 자원이 되리라는 예측도 나오지만, 예부터 흔한 것이 물이었다. 요즘에야 비싼 외국산 생수까지 사서 마시는 형편이지만, 예전엔 물을 좀 달라고 하면 모르는 이라 해도 인심 좋게 퍼줬다. 그러니 헤프게 쓴다는 뜻을 담은 낭비에 '물결 랑'이 들어간 것은 당연하다.

'비(費)'는 재물(貝·패)을 귀하지 않게(弗·불) 쓰는 모양을 그려 '쓸 비' 또는 '비용 비'라 한다. 돈이나 물자 또는 시간과 노력 따위를 들이거나 써서 없애는 '소비(消費)', 여행에 드는 돈 '여비(旅費)', 어떤 일을 하는 데 드는 돈 '비용(費用)'에 모두 이 글자가 쓰인다. 참고로 조개가 화폐로 쓰이던 사실을 반영해 '조개 패(貝)'가 들어간 한자는 재물을 뜻한다. 또 '불(弗)'은 활(弓·궁)로 두 개의 화살(丨·곤)을 쏘지 않는다는 뜻을 나타낸다.

마지막으로 '함부로 랑'이 들어가 자주 쓰이는 말이 있는데, 바로 '낭설(浪說)'이다. 물결처럼 마구 흔들리고 금방 스러지는 말(說·설)이란 낱말이니, 터무니없는 헛소문이란 뜻을 쉽게 짐작할 수 있다.

누명 陋名;

더러울 누 / 이름 명

이름을 더럽히는 억울한 평판

하지도 않은 일로 오해를 받다

자신이 한 일도 아닌데 덤터기를 써 나쁜 평판을 얻거나 심지어 벌을 받는다면 얼마나 억울하겠는가. 이럴 때 '누명(陋名)'을 썼다고 한다. 바로 '더러울 루(陋)'와 '이름 명(名)'이 합쳐진 낱말이다.

누명의 사전적 뜻은, 사실이 아닌 일로 이름을 더럽히는 억울한 평판이다. '누(陋)'는 언덕(阝·부)이 남쪽(丙·병)의 햇볕을 가려(匚·혜) 좁고 더러움을 일컫는 문자다. 그래서 좁음, 구석, 더러움의 뜻을 지녔다. '명(名)'은 저녁(夕·석)에 보이지 않아 입(口·구)으로 부르는 것이니 곧 이름이란 뜻이다. 그러니 누명은 더러운 이름을 일컫는다.

여기서 주의할 점이 있다. 누명은 더러워진 이름이나 명예를 뜻하는 오명(汚名)이나, 악하다는 소문이나 평판을 뜻하는 악명(惡名)과 구분해 써야 한다. 오명과 악명은 결과에 주목한 낱말이다. 즉 이름이나 명예가 더럽혀지거나 나쁜 평판을 얻게 된 사실만을 가리킨다. 그 원인이 진실인지 아닌지는 따지지 않으며, 어떤 면에선 해서는 안 될 짓을 했을 가능성이 더 크다.

하지만 누명은 다르다. 결과보다 원인에 비중을 둔 말이다. 즉 '하지도 않은' 일 때문에 얻게 된 치욕스런 이름이요, 더러워진 명예다. 예를 들면 텔레비전 사극에서 꾸미지도 않은 역모 때문에 사약을 받는 충신에게 적용할 수 있는 말이다. "주인공이 역모란 누명을 쓰고 쫓긴다"는 식으로 말이다.

이는 영어에서도 분명히 나타나는데, '악명 높은'이란 뜻의 형용사로 'notorious' 또는 'infamous'를 쓰는 반면에, 누명은 'false charge'로 확실히 구분해 쓴다.

이 누명은 예부터 갖가지 사연을 빚어 문학이나 영화 등의 예술 작품 소재로 쓰였는데, 우리 속담에도 이와 관련된 말들이 있다. "남이 눈 똥에 주저앉는다"는 속담은 다른 사람이 저지른 잘못으로 애매하게 화를 입었다는 뜻이고, "송장 때리고 살인났다" 역시 억울하게 죄를 뒤집어 쓴 상황을 가리킨다.

한편 그 품은 뜻이 그러한 만큼 누(陋)가 들어간 낱말치고 좋은 의미를 나타내는 경우가 거의 없다. 낡은 생각에 젖어 고집이 세 새로운 것을 잘 받아들이지 않는다는 뜻의 '고루(固陋)'하다, 지저분하고 더럽다는 뜻의 '누추(陋醜)'하다가 그런 예다.

능가 凌駕;

업신여길 능 / 멍에 가

능력이나 수준이 비교 대상을 넘어서다

높은 곳을 뛰어넘다

한 분야에서 누구도 넘보지 못할 대기록을 세운 이들을 가리켜 흔히 전설이라는 뜻의 레전드(legend)라고 부른다. 전설이 될 만큼 대단한 기록을 세운 데 대한 상찬이다. 예를 들어 한국 프로야구사에 길이 남을 명유격수 이종범에 대해 팬들은 "종범이라 쓰고 신이라 읽는다"고 하면서 그를 레전드로 인정한다.

그런데 이렇게 전설이 된 사람들은 종종 "내 기록을 뛰어넘는 후배들이 많이 나오길 바란다"라거나 "내 기록을 깬 후배가 나와 기쁘다"라고 말한다. 기록은 깨지려고 존재한다는 말이 있으니 언젠가는 신기록이 세워질 수도 있겠지만, 과연 그 전설들이 진심으로 그렇게 생각할까?

이 문제는 제쳐두고, 이때 '뛰어넘다'라는 말을 대신할 수 있는 한자어 '능가(凌駕)'에 대해 살펴보자.

'능(凌)'은 얼음처럼 차갑게(冫·빙) 높은 데(夌·릉)서 내려다보듯 한다는 뜻을 담고 있기에 '능가할 릉' 또는 '업신여길 릉'이라 한다. 업신여겨 깔본다는 '능멸(凌蔑)'에 바로 이 글자가 쓰이는 것이 그런 까닭이다. 그런데 능가에서는 '큰 언덕 릉(陵)'이란 뜻으로 쓰였으며, 언덕을 오르는 데서 뛰어넘다란 뜻을 갖게 되었다. 참고로 '큰 언덕 릉'은 임금의 무덤을 뜻하기도 해 '왕릉(王陵)' 등에 쓰인다. '높을 릉(夌)'을 뜯어보면 흙(土·토)이 나누어져(八·팔) 천천히 걸어야(夂·쇠) 할 높은 곳, 즉 언덕을 형상화한 문자임을 알 수 있다.

'가(駕)'는 원래 말(馬·마)을 부릴 때 더하여(加) 쓰는 멍에를 일컬었으나, 수레의 뜻으로 발전했다. 능가에서는 '더할 가(加)'의 뜻으로 쓰여 더 높다, 그래서 뛰어넘다란 뜻을 갖게 되었다.

이야기가 조금 빗나가지만 요즘은 능가하는 것이 꼭 좋은 일만은 아니란 주장도 나름의 설득력을 갖는다. 서로 앞서려고 경쟁만 할 게 아니라 더불어 같이 가자는 주장이다. 이런 이들은 이솝 우화의 '토끼와 거북이'에도 이의를 제기한다. 쉬지 않고 부지런히 결승점을 향해 가던 거북이가 잠자고 있던 토끼를 이졌다는 이야기를 두고 "왜 거북이는 토끼를 깨우지 않았을까?" 하고 묻는다. 물론 여기에는 잘 달리는 토끼가 거만하지 않고, 토끼 역시 깨워준 거북이에게 감사하며 나란히 간다는 전제가 필요하긴 하다. 여러분의 생각은 어떤지?

단련 鍛鍊;

쇠 불릴 단 / 쇠 불릴 련

수차례 달구고 두들겨 단단하게 하다

피와 땀이 담긴 노력으로 몸과 마음을 굳세게

뜻을 알고 나면 무서워서 함부로 쓰기가 꺼려지는 말이 있다. '단련(鍛鍊)'도 그런 낱말로 꼽을 만하다. "체력을 단련한다"고 할 때처럼 흔히 쓰이지만, 본뜻은 피와 땀이 어린 노력을 뜻하기 때문이다.

단련은 척 봐도 '쇠 금(金)'이 붙은 글자 모양으로 야무지다는 인상을 주는데, 옛날 제철 공장이라 할 대장간에서 쓸 법한 말이다. '쇠 불릴 단(鍛)'과 '쇠 불릴 련(鍊)'이 합쳐져 쇠를 두드리고 녹인다는 뜻을 갖는다. 텔레비전 등에서 전통 방식으로 농기구를 만드는 대장간 풍경을 본 적이 있을 것이다. 쇠를 벌겋게 달군

다음 두드리고 또 두드려 모양을 만든 뒤 찬물에 식히는 과정을 반복한다. 쇠를 녹이거나 달구는 것은 모양을 잡기 쉽게 하려는 이유도 있지만, 쇠에 포함된 불순물을 제거하려는 목적도 있다.

무거운 쇠를 뜨겁게 달구고, 이를 다시 수없이 두들겨 모양을 만들고 식히고 다시 두들기는 모습을 상상해보자. 열기와 힘든 망치질에 땀이 비 오듯 쏟아지고 근육이 비명을 지르는 모습이 그려지지 않는가. 이것이 단련이다. 그러니까 운동장에서 공을 좇아 이리저리 달리는 것을 두고 체력 단련이란 말을 쓰기는 좀 미안한 느낌이다.

'단(鍛)'은 쇠(金·금)를 달구고 두드리기를 차례로(段·단) 거듭 한다는 뜻을 담은 글자다. 여기서 '단(段)'은 언덕(厓·애)을 치고(殳·수) 깎아서 일정하게 만든 계단을 의미해 '계단 단' 또는 '차례 단'이라 한다. 여기에 '실 사(糸)'를 붙이면 실을 차례로 짠 천, 곧 '비단 단(緞)'이 된다.

'연(鍊)'은 '단련할 련'이라고도 하는데, 쇠(金·금)를 불에 달구어 불순물을 가려(柬·간) 단단하게 한다는 뜻을 담았다. 이제는 없어졌지만 학생들이 받던 군사 훈련을 일컫는 '교련(敎鍊)', 경험이 많아 익숙하다는 뜻의 '노련(老鍊)'에 쓰인다.

그렇다면 '연습'은? 다행히 쇠를 담금질하는 정도의 노력은 필요 없는지 쇠(金·금) 대신 '실 사(糸)'를 붙인 '익힐 련(練)'을 써서 '연습(練習)'이라 한다. 자, 그렇다면 군사 훈련에서 '훈련'은 어떻게 쓸까? 사전을 보면 '쇠 불릴 련(鍊)'과 '익힐 련(練)' 모두 쓸 수 있단다. 아마도 죽을힘을 내야 할 정도로 강도가 높으면 훈련(訓鍊), 교육적인 면이 강하면 훈련(訓練)이 되지 않을까?

만성 慢性;

거만할 만 / 성품 성

서서히 진행되고 굳어져 고치기 힘든 상태

게으르거나 오만하거나

전염병 가운데 결핵이나 에이즈 같은 병은 증상이 쉽게 드러나지 않으면서 천천히 몸을 해친다. 그사이 다른 사람에게 병을 옮길 수도 있어 대처하기 까다롭다. 이처럼 서서히 진행되어 고치기 힘든 상태에 이르는 병을 '만성(慢性)'질환으로 분류한다. 이때 만성은 '게으를 만'과 '성품 성'이 만난 말로, 원래는 게으른 성질을 나타낸다.

'게으를 만(慢)'은 마음(忄·심)이 길게(曼·만) 늘어진 모양을 가리킨다. 길게 늘어져 있는 모습을 생각해보라. 한여름 무더위에 지쳐 혀를 쭉 빼물고 있는 개가 주인이 다가간다고 꼬리 치며 반길 리 없다. 게을러터진 것이다. 그래서 게으르고 느리다는 뜻의 '태만(怠慢)'에 쓰인다.

또 한껏 배를 내밀고 늘어진 사람은 어떤가. 잘난 체하는 모습이 확연히 드러난다. 그래서 '오만할 만'이라고도 한다. 잘난 체하고 남을 업신여기는 '거만(倨慢)', 뽐내고 건방진 '교만(驕慢)', 건방지고 거만한 '오만(傲慢)'에 쓰인다.

참고로 이 글자와 비슷한 '만(漫)'이 있는데, 물(氵·수)이 멀리(曼·만) 퍼진 모양을 나타내 '흩어질 만' 또는 '부질없을 만'이라고도 한다. 어수선하여 질서나 통일성이 없는 '산만(散漫)', 아무렇게 그린 그림이란 뜻의 '만화(漫畫)' 등에서 볼 수 있다.

영어로 '만성적'이라는 뜻의 형용사는 'chronic'이다. 여기서 'chron'은 시간을 나타내는 접두사로 'chronicle(달력, 연대기)', 'chronograph(시간 기록 장치, 스톱워치)', 'chronological(시간 순서대로, 연대순으로)', 'chronology(연대표)' 등에서도 볼 수 있다.

여기서 수험 공부에 시달리는 학생들이 많이 겪는 만성피로를 살펴보자. 우선 말 그대로 만성피로는 매일 조금씩 피로가 쌓여 생기는 증상이다. 자고 일어나도 개운하지 않고, 몸이 찌뿌듯하며 머리가 멍한 것이 의욕도 나지 않고, 무리해서 공부를 해도 능률이 오르지 않는다.

만성피로가 심해지면 번아웃(burnout) 증후군이 생기는데, 어떤 일에 지나치게 집중하다가 갑자기 연료가 모두 불타버린 듯 무기력해지면서 업무에 적응하지 못하는 증상을 가리킨다. 열정적이고 적극적인 사람에게 주로 나타나는 현대병의 일종으로, 미국의 정신과 의사 프루덴버그가 붙인 이름이다.

방송 放送;

놓을 방 / 보낼 송

라디오나 텔레비전을 통해
음성이나 영상을 내보내다

대중을 향해 쏘아올린 정보

섭섭하지만 오늘날 우리 주변의 도구나 제도, 기술 등은 대부분 유럽이나 미국에서 비롯되었다. 이런 것들을 들여오자면 자연히 영어나 프랑스어나 독일어를 우리말로 옮겨야 했지만, 서양 문물을 먼저 받아들인 중국이나 일본에서 만들어진 말을 그대로 가져다 쓴 경우가 상당하다.

그런데 이렇게 만들어진 한자어를 보면 절묘하게 잘 만들었다는 생각이 들 때가 많다. 라디오며 텔레비전, 요즘엔 케이블방송이나 인터넷을 이용해 대중에게 널리 알리는 '방송(放送)'이 그런 예다.

방송은 'broadcasting'이라는 영어 단어를 그대로 옮긴 한자어다. 'broad'는 '넓다', 'cast'는 '던지다'란 뜻이니 broadcasting은 '널리 퍼뜨리다'란 의미다. '놓을 방(放)'과 '보낼 송(送)'으로 이뤄진 방송은 원래 죄수를 감옥이나 유배지에서 풀어준다는 뜻이었다. 그러니까 석방과 같은 의미였다가 전파로 소리나 영상을 보내는 broadcasting의 번역어로 쓰이게 된 것이다. 우리나라에선 1927년 경성방송국이 개국하면서 전파를 송출한다는 뜻으로 쓰였다는데, 그에 앞서 1차 세계대전 당시 일본군 장교가 처음으로 사용했다는 기록이 전한다.

여기 쓰인 '놓을 방(放)'은 어떤 방향(方·방)으로 가도록 쳐(攵·복) 놓음을 뜻하는 문자로, 공부에서 풀려나는 '방학(放學)'과 구속이나 억압에서 풀려나 자유로워지는 '해방(解放)', 놓아기르는 '방목(放牧)', 내버려둔다는 '방치(放置)' 등에서 볼 수 있다.

'보낼 송(送)'은 나누어(八·팔) 하늘(天·천) 아래 어디로 가도록(辶·착) 한다는 뜻으로, 돈을 보내는 '송금(送金)'이나 이별하여 보내는 '송별(送別)' 등에 쓰인다.

그런데 세상이 바뀌니 방송에도 변화가 왔다. 특정하지 않은 대중을 상대로 한 방송과 달리 특정 지역이나 계층, 취미를 겨냥한 방송이 생겨난 것이다. 이른바 협송(狹送)이라 하는 케이블방송이나 인터넷을 이용한 전문 방송이다. 협송은 'narrowcasting'

이라는 영어 단어를 옮긴 말인데, 특정 음악 장르나 낚시와 독서 등 전문 분야만 다루거나 사내 방송 또는 지역 방송처럼 일정한 사람들만 대상으로 한 방송을 뜻한다.

배출 輩出; 인재가 계속해서 나오다

무리 배 / 날 출

배출 排出; 불필요한 물질을 밀어 내보낸다

밀칠 배 / 날 출

하나만 낳지는 못해

"우리 학교 축구부는 수많은 국가 대표 선수를 배출했다"거나 "자동차는 수많은 오염 물질을 배출한다"고 할 때, 각 '배출'의 한자는 '輩出'과 '排出'로 다르고 뜻도 다르다.

먼저 輩出은 인재가 계속하여 나온다는 뜻이다. 여기서 주의할 것이 있다. '무리 배(輩)'와 '날 출(出)'이 만난 배출(輩出)은 사람에 대해, 그리고 다수에 대해 쓰인다는 점이다. 그러니 '수많은 국가 대표 선수'를 배출할 수는 있어도, '수능 전국 수석'을 배출할 수는 없다. 전국 수석은 한 명이니 '수석 배출'이란 표현은 잘못된 것이다.

'배(輩)'는 수레(車·차)가 어긋날(非·비) 정도로 많이 탄 무리를 나타내는 문자로, 학교에 먼저 입학하거나 특정 분야에서 자기보다 경험이나 나이 등이 많은 사람을 일컫는 '선배(先輩)', 행실이나 성품이 나쁜 사람들의 무리인 '불량배(不良輩)' 등에 쓰인다.

한편 排出은 안에서 밖으로 밀어 내보낸다는 뜻이다. 생물학적으로는 동물이 먹은 음식을 소화해 항문으로 내보내는 것을 뜻하고, '섭취'와 반대되는 말이다.

'배(排)'는 손(扌·수)으로, 아니라며(非·비) 물리친다는 뜻을 담아서 '밀칠 배'라 한다. 이 글자가 쓰인 낱말 중 가장 흔히 볼 수 있는 것이 '배구(排球)'다. 배구란 기본적으로 세터가 밀친 공을 상대방 코트로 밀어 넣는 운동이다. 축구나 농구는 골대에 공을 넣음으로써 득점하는 데 반해 배구는 상대 선수가 못 받도록 공을 밀치는 운동이란 점에서, 영어 'volleyball'을 참으로 잘 표현한 번역어라 할 수 있다. 물론 volleyball에서 'volley'는 공이 땅에 떨어지기 전에 맞받아친다는 뜻이므로 나름 배구란 운동의 특성을 살렸지만, 공을 밀친다는 뜻의 배구(排球)가 오히려 더 적절한 표현으로 여겨진다.

'밀칠 배'는 따돌리거나 거부하여 밀어 내치는 '배척(排斥)', 남을 배척하는 '배타적(排他的)' 등에 쓰인다. 한편 손(扌·수)으로 그게 아니라고(非·비) 다시 정리한다는 뜻으로 '바로잡을 배'라고도 하기에 일정한 차례나 간격에 따라 벌여놓는 '배열(排列)', 알맞게 배치하거나 처리하는 '안배(按排)'에 쓰인다. 참고로 배열과 안배는 '配(나눌 배)'를 써서 配列과 按配로도 쓴다.

생애 生涯;

날 생 / 물가 애

태어나서 죽을 때까지, 살아 있는 한평생의 기간

흙에서 태어나 땅의 끝인 물가로

살아 있는 한평생의 기간을 '생애(生涯)'라고 한다. "내 생애 최고의 날" 같은 식으로 쓰이는데, '일생' 또는 '평생'과 비슷한 뜻이라고 보면 된다.

생애는 뜻밖에 재미있는 한자어다. 우선 '날 생(生)'과 '끝 애(涯)'가 합쳐진 낱말로, 그야말로 태어날 때부터 죽을 때까지란 뜻을 담고 있다. '생(生)'은 사람(人·인)이 흙(土·토)에서 나서 산다는 뜻을 가진 글자다. 태어난 날을 가리키는 '생일(生日)', 동식물을 아울러 일컫는 '생물(生物)'에 쓰이는 이유다. 교사의 존칭인 '선생(先生)'은 말 그대로 풀면 먼저(先·선) 태어났기에(生·생)

아는 것이 많아 가르쳐주는 이란 뜻이다.

중국의 성인 공자는 '불치하문(不恥下問)'이라 해서 (모르는 것을) 아랫사람(下·하)에게 묻는(問·문) 것을 부끄러워하지(恥·치) 말라(不·불)고 했지만, 이 경우에도 질문에 답하는 아랫사람이 선생이 되는 경우는 드물 것이다. 나이 어린 사람이 먼저 태어날 리는 없으니 말이다.

'애(涯)'는 물(氵·수)과 맞닿은 언덕(厓·애), 즉 물가를 뜻한다. 물가는 땅의 끝이란 의미에서 끝이란 뜻도 갖게 되었다. 그런데 이 '애(厓)'가 재미있다. 흙(土·토)이 겹겹이 쌓인 것을 바위(厂·엄)가 덮고 있는 모양새이니, 글자만 봐도 언덕임이 느껴진다. 여기에 물(氵·수)을 만나면 '물가 애(涯)' 또는 '끝 애'가 되고, 산(山) 아래 있으면 바로 '낭떠러지 애(崖)'가 된다. 깎아지른 듯한 절벽을 가리키는 '단애(斷崖)'에는 '낭떠러지 애'가 쓰인다. 그런가 하면 이승에 살아 있는 핏줄이나 부모가 없음을 가리키는 '천애(天涯) 고아'라 할 때는 하늘 끝까지 까마득히 낯선 곳이란 의미에서 '끝 애'를 쓴다.

서민 庶民;

여러 서 / 백성 민

사회적 특권이 없는 보통 사람

불을 때며 모여 살던 평범한 사람들

평범한 사람들이 나라의 주인이라는 민주주의가 실현됐어도 현실은 꼭 그렇지 않다. 돈이 말하는 자본주의가 함께 자리 잡으면서 주로 재산의 많고 적음에 따라 알게 모르게 사회적 신분이나 인식에 차이가 엄연하다. 때로는 지위나 지식으로도 이런 구별이 생기는데, 보이지 않는 이 같은 차별은 적지 않은 경우 대물림되는 경향이 있어 사회문제가 되기도 한다.

이처럼 벼슬이 없는 평민이나 사회적 특권이 없는 보통 사람을 가리켜 '서민(庶民)'이라고 한다. 본래는 벼슬을 독점하던 문무 양반을 아우르는 사대부(士大夫)에 대응하는 말이었지만, 현대에 이르러서는 경제적으로 중산층 이하의 넉넉지 못한 사람들을 가리키는 말로 바뀌었다. 이를테면 "서민 경제를 살리기 위해 물가 안정이 절실하다"는 식이다.

그렇다면 서민은 어떤 뜻을 가졌을까? '서(庶)'는 집 엄(广), 스물 입(廿), 불 화(灬)가 합쳐진 글자로, 많은 사람들이 불을 때며 모여 사는 모습을 가리킨다. 이는 다시 평범한 사람이란 뜻을 갖게 되어 '백성 서'나 '여러 서'라 불리게 되었다.

기업이나 학교 등에서 여러 가지 일반적 잡무 또는 그것을 처리하는 사람을 가리키는 '서무(庶務)'에 바로 이 글자가 쓰인다. 또한 일반 백성 취급을 받는 첩의 아들을 가리키는 데도 쓰여 '첩의 아들 서'라고도 하니, 첩이 낳은 자식을 일컫는 '서출(庶出)'이나 본처의 자식과 첩의 자식을 아우르는 '적서(嫡庶)'에서는 그런 뜻으로 쓰였다.

서민과 비슷한 말로 '민초(民草)'가 있다. 경제적 색깔이 짙은 서민과 달리 민초는 정치적·사회적 느낌을 풍긴다. 백성을 생명력 질긴 잡초에 비유한 말이기 때문이다.

민초가 일본에서 만들어진 말이라며 쓰지 말자는 의견도 있지만, 어떤 학자는 공자의 가르침을 적은《논어》에 "군자의 덕은 바람이요(君子之德風), 소인의 덕은 풀이다(小人之德草). 풀 위로 바람이 불면 풀은 바람 부는 방향으로 반드시 눕게 마련이다"라는 구절이 있음을 들어, 민초란 의미는 오래된 것이라는 주장을 펴기도 한다.

일찍이 김수영 시인도 〈풀〉이란 시에서 약자, 곧 민중의 질긴 생명력과 적응 정신을 '풀'에 비유했다. 이런 것을 보니 아무래도 민초는 오래된 인식인 듯싶다.

석권 席卷;

자리 석 / 말 권

순식간에 전체를 취하거나 으뜸이 된다

돗자리 말듯 휩쓸다

"우리나라 국가 대표 여자 양궁 팀이 아시안게임에서 전 종목을 석권했다"라고 한다. '석권(席卷)'은 무슨 뜻일까? 사전에는 빠른 기세로 영토를 휩쓸거나 세력 범위를 넓힌다는 뜻으로 풀이되어 있다. 어떻게 이런 뜻이 나왔을까?

'석(席)'은 집(广·엄) 안에 사람이 앉도록 수건(巾·건)을 깐 곳을 가리켜 '자리 석'이라 한다. 앉는 자리 '좌석(座席)'이나 어떤 자리에 나아가 참석하는 '출석(出席)', 자리 순서를 나타내는 '석차(席次)' 등에 쓰인다. 이렇게 사람이 앉는 자리를 뜻하지만, 왕골이나 부들 또는 갈대로 짜서 바닥에 까는 물건, 즉 돗자리를 이르는 말이기도 하다.

'권(卷)'은 허리를 구부리고 무릎 꿇고(卩·절) 읽는 것, 곧 책을 뜻하므로 책의 머리말을 가리키는 '권두언(卷頭言)' 등에 쓰인다. 한데 지금처럼 많은 종이를 제본한 책이 등장하기 전에는 종이를 말아 두루마리처럼 해서 읽었던 때문인지 그 흔적으로 '(둘둘) 말다'란 뜻도 있다. 석권은 바로 '돗자리'와 '말다'란 뜻의 한자가 만나, 돗자리를 말듯 순식간에 전체를 취하거나 으뜸이 된다는 뜻을 갖는다.

석권과 비슷하면서도 뜻이 다른 낱말로 '압권(壓卷)'이 있다. 이는 책이나 영화 등에서 가장 뛰어난 부분을 가리키는 말로, 으뜸이란 의미에서는 석권과 비슷하나 전체 중 일부라는 면에서 차이가 있다. 압권은 '누를 압'과 '책 권'이 만난 낱말로, 과거에서 비롯된 말이다. 과거 답안지 시권(試券)을 채점한 뒤 1등인 장원(壯元)의 답안지를 맨 위에 올려놓은 데서 유래했다. 다른 응시자들의 답안지를 누르는(壓·압) 으뜸이었기에 가장 뛰어나다는 뜻으로 쓰이게 되었다.

이때 쓰이는 '누를 압'은 싫은(厭·염) 것을 흙(土·토)으로 덮어 누르는 모습을 나타내며, 일방적으로 크게 이기는 '압승(壓勝)'과 강한 힘이나 권력으로 강제로 억누른다는 뜻의 '강압(强壓)' 등에 쓰인다.

소식 消息;

사라질 소 / 불어날 식

사라지고 불어나는 삼라만상의 모든 변화

온갖 생성과 소멸을 전하다

"무소식이 희소식"이란 말이 있다. 아닌 게 아니라 별일이 있으면 당연히 연락을 해올 테니 차라리 소식이 없는 편이 낫다는, 일종의 자기 위안이다. 그런가 하면 오랫동안 못 만났던 친구를 만나면 "왜 그동안 소식이 없었어?"라고 가볍게 묻기도 한다.

그런데 안부 정도로 무심히 넘기는 '소식(消息)'엔 엄청난 뜻이 숨어 있다. 삼라만상의 변화를 뜻하기 때문이다. '사라질 소'와 '불어날 식'이란 말이 만나서 그런 뜻을 담았다.

'소(消)'는 물(氵· 수)로 작아지게(肖 · 초) 끄거나 삭인다는 뜻을 가졌다. 그래서 불을 끈다는 '소화(消火)', 먹은 음식을 삭여 영양분을 흡수하는 '소화(消化)', 스스로 상황을 개선하는 기백이나 활동이 부족함을 뜻하는 '소극적(消極的)' 등에 쓰인다.

'식(息)'은 본래 마음(心·심)으로 자기(自·자)를 생각하는 모양을 그렸으니 '숨 쉴 식' 또는 '쉴 식'이란 뜻으로 많이 쓰인다. 숨을 쉴 수 없게 된 '질식(窒息)', 쉰다는 '휴식(休息)'에 이 글자가 쓰이는 이유다. 또 나이 든 뒤에 쉬도록 돌보아준다 해서 '자식 식'이란 뜻도 있어 자녀를 뜻하는 '자식(子息)'에도 쓰인다. 뿐만 아니라 '숨 쉬다'에서 호흡하니 '자라나다'란 뜻으로 발전해 다시 '불어나다'란 뜻을 갖게 되었다.

그렇게 해서 소식은 사라지고 불어나는 것, 즉 삼라만상의 생성과 소멸 등 모든 변화를 가리키는 말이 됐다.

소식과 비슷하지만 요즘은 잘 쓰이지 않는 말로 '기별(奇別)'이 있다. '기이할 기(奇)'와 '다를 별(別)'이 만난 이 낱말은 "서울에 간 아들이 기별이 없네" 하는 식으로 쓰이며, 기이하고 별다른 새로운 사실을 뜻한다. 원래는 조선 시대 승정원에서 새로 처리한 사실을 이튿날 아침 각 관아에 알리던 소식지 조보(朝報)를 기별이라고도 했다. 그러니 요즘 언론에서 다루는 뉴스를 굳이 우리말로 옮기자면 소식보다 기별이 낫다. 평범하고 일상적인 것은 뉴스로 다뤄지지 않으니 말이다.

덧붙이자면 별(別)은 입(口·구)으로 먹기 위해 칼(刂·도)로 힘껏

(力·력) 나눈다는 뜻으로 '나눌 별' 또는 '다를 별'이라 한다. 그래서 본명 이외의 다른 이름인 '별명(別名)', 보통과 구분되게 다른 '특별(特別)', 등급이나 수준 등의 차이를 두어 구분한다는 '차별(差別)'에 이 글자가 쓰인다.

수작 酬酌;

갚을 수 / 술 부을 작

술잔을 주고받다 보니 불순한 속내가 보이다

술자리에서 오간 짬짜미

옛말이 현대에 와서 좋지 않은 뜻으로 변한 경우가 있다. 그중 하나가 '수작(酬酌)'이다.

"수작을 걸다", "수작을 부리다"처럼 보통은 남의 말이나 행동을 낮잡아 일컫는 데 쓰인다. 이를테면 남북 대화를 하자고 제의해놓고는 미사일 실험을 하는 북한을 두고 쓸 수 있는 말이다.

그런데 수작이란 말 자체의 처지에서 보면 억울하다. 본래 '잔 돌릴 수', '잔 돌릴 작'이라 해서 주인과 손님이 술잔을 주고받으며 서로 응대한다는 뜻이었기 때문이다. 어쨌든 불순한 의도로 술을 권커니 잣거니 하면서 어울리다 보면 음모를 꾸미고 비리

가 싹텄기에 이런 뜻을 나타내게 된 듯하다.

여기서 '수(酬)'는 술잔(酉·유)을 준비해 고을(州·주) 사람들에게 은혜를 갚는다는 뜻이어서 '갚을 수'라고도 한다. 일의 대가로 주는 돈이나 물품인 '보수(報酬)', 상대편의 말이나 행동을 받아서 마주 응하는 '응수(應酬)'에 술과 관련된 이 글자가 쓰이는 이유다.

'작(酌)'은 술을 작은 그릇(勺·작)에 따르는 행위를 그렸는데, 술을 따를 때는 상대의 주량을 생각하기 마련이어서 '참작할 작'이란 뜻도 가졌다. 그렇게 해서 '짐작(斟酌)'이란 말이 나왔다.

'헤아릴 짐(斟)'은 원래 '침'이라 읽어야 할 것이 변한 소리인데, 달콤한(甘 · 감) 술이라도 짝(匹 · 필)에게 국자(斗 · 두)로 따라줄 때는 주량을 헤아려 준다는 의미가 담겼다. 지금도 그렇지만 고대 중국에선 왕이나 높은 사람에게 술을 따를 때 상당한 주의와 예법이 필요했다. 술잔을 어떻게 잡고 어떻게 올리는지, 잔에서 술이 넘치지는 않는지 등을 주의하며 상대의 표정을 살펴 그 의중을 헤아리곤 했다. 여기서 본래 술잔에 술을 따르는 침작(짐작)이 사정이나 형편 따위를 어림잡아 헤아림을 뜻하게 되었다.

보기 가운데 답을 고르는 객관식 시험에서 연필을 굴려 답을 정하는 등 '때려 맞히는' 것이 바로 현대 학생판 '짐작'이라 하겠다. 물론 엄밀히 말하면 조금 다르다. 아무 근거 없이 순전히 운에 의지해 때려 맞히는 것과 표정이나 형편을 살펴 헤아리는 짐작은 차이가 있으니 말이다.

어색 語塞;

말씀 어 / 막힐 색

말문이 막혀 서먹서먹하고 멋쩍다

당황스럽거나 황당하거나

1970년대 개그 가운데 '당황(唐慌)'과 '황당(荒唐)'의 차이에 관한 것이 있다. 실은 놀라거나 다급하여 어찌할 바를 모르는 당황이나, 말이나 행동 따위가 참되지 않고 터무니없는 황당이나 글자 순서만 바뀐 것이니 큰 차이가 없어 보여 말장난을 한 것이다. 그 우스개에 따르면, 차 뒤에서 볼일을 보는데 차가 자기 쪽으로 후진할 때가 황당한 경우이며, 반대로 차가 앞으로 가버려 남들에게 부끄러운 모습을 보일 때가 당황스러운 경우라고 한다.

어쨌거나 이 같은 당황스럽거나 황당한 일을 당하면 말이 잘 나오지 않는다. 이럴 때 우리는 '어색(語塞)'하다고 한다. '말씀어'와 '막힐 색'이 만났으니 바로 말문이 막힌 경우를 가리킨다. 예를 들어보자. 여자 친구를 집에 바래다주다가 집 앞에서 친구의 어머니를 처음 만났다. 그런 경우를 전혀 예상하지 않았다면 어떻게 인사해야 할지, 무슨 말을 해야 할지 난감하기 짝이 없다. 당황한 나머지 갑자기 입이 떨어지지 않는다. 바로 어색한 경우다. 게다가 그 어머니가 딸 뒤를 쫓아온 불량 학생 취급을 하는데 여자 친구가 한마디 변명도 해주지 않는다면 황당해서 더욱 말문이 막힐 것이다.

'막힐 색(塞)'은 네모난 우물(井·정)처럼 흙(土·토)으로 막은 집(宀·면)을 나타내는 문자인데, '변방 새'라고도 한다. '막다'란 뜻으로 쓰인 낱말은 소통되지 못하고 막힌 '경색(梗塞)'을 들 수 있는데, "새해 예산안을 둘러싼 여야 간 이견으로 정국이 경색되고 있다"는 식으로 자주 볼 수 있다. 또 아주 가난한 '궁색(窮塞)', 필요한 것이 없거나 모자라서 딱하고 옹색한 '군색(窘塞)'에 쓰이는데, '궁색하다'나 '군색하다'는 큰 차이 없이 쓸 수 있다.

'변방 새'로 쓰인 대표적 낱말로는 군사적으로 중요한 곳에 설치한 방어 시설 '요새(要塞)'가 있다. 이와 관련한 고사성어로 중국 고전《회남자(淮南子)》에 나오는 '새옹지마(塞翁之馬)'가 있다. 이는 중국 변방(塞·새)에 살던 노인(翁·옹)의 말(馬·마)이 집을 나가 도망치는 불행이 닥쳤다가 다행스럽게 다시 돌아왔는데, 아들이 그 말을 타다 떨어져 다리를 다쳐 불행하게도 불구가 되었지만, 그 덕에 전쟁에 끌려 나가지 않는 행운을 얻게 됐다는 이야기다. 요컨대 세상일은 수시로 변하기 때문에 무엇이 행(幸)이고 무엇이 불행(不幸)인지 알 수 없다는 뜻이다.

여론 輿論;

수레 여 / 논할 논

어떤 사안에 대한 대중의 공통된 의견

여럿이 모여야 가마를 멜 수 있듯

'삼인성호(三人成虎)'란 고사성어가 있다. 중국 고전《한비자(韓非子)》에 나오는 예화로, 한두 사람이 시장에 호랑이가 나타났다고 하면 믿지 않지만 세 사람째 그런 말을 하면 없는 호랑이도 믿게 된다는 이야기다.

이 고사성어는 '여론(輿論)', 즉 대중의 공통된 의견이 갖는 힘을 뚜렷하게 보여준다. 그런데 여기 쓰인 한자가 묘하다. 마주 들고(舁·여) 가는 수레(車·거) 같은 것, 즉 '수레 여(輿)'를 쓰니 말이다. 이는 가마를 여러 사람이 드는 데서 많음을 뜻하는 말로 확장된 것이다. 본래 가마란 뜻으로는 시체를 묘지까지 나르는 도구,

즉 '상여(喪輿)'에 쓰이는데, 요즘은 거의 보기 힘들다. 많다는 뜻으로 쓰인 예는 많은 사람의 기대를 가리키는 '여망(輿望)'이 있다. "국민 여망에 따라 이번 대선에 출마하기로 했다"는 식으로 쓰인다.

여기서 주의할 점이 있다. 마주 들어(舁·여)주며 참여(与·여)한다는 뜻의 '더불어 여(與)'가 비슷한 모양이기 때문이다. 이 글자는 주어진 조건인 '여건(與件)', 권력을 쥔 '여당(與黨)', 지도자의 요건 중 하나로 백성과 더불어 기쁨을 같이한다는 '여민동락(與民同樂)' 등에 쓰인다.

'말할 론(論)'은 둥글게(侖·륜) 모여 말(言·언)하는 것, 즉 의논하는 것을 일컫는다. 조리 있는 말을 뜻하므로 자기 의견을 논리적으로 서술하는 '논술(論述)', 말이나 글로 다투는 '논쟁(論爭)', 어떤 현상이나 사건에 대해 논하여 평하는 '논평(論評)' 등에 쓰인다.

잊지 말아야 할 것은 여론에서 이구동성(異口同聲)은 필요하지만 부화뇌동(附和雷同)은 안 된다는 점이다. '다를 이(異)', '입 구(口)', '한 가지 동(同)', '소리 성(聲)'으로 이루어진 이구동성은 사람마다 입은 각각이지만 같은 소리를 낸다는 뜻이다. 또 부화뇌동은 '붙을 부(附)', '화할 화(和)', '우레 뇌(雷)', '한 가지 동(同)'이 만나 줏대 없이 남의 의견에 따라 움직임을 나타낸다. 현대사회에선 인터넷이나 SNS 등 개인의 의견을 전파하는 수단이 매우 발달한 만큼 근거 없는 헛소문이나 악의적인 유언비어(流言蜚語)도 빨리, 그리고 널리 퍼진다. 여론은 분명 민주주의의 바탕이 되지만, 이 같은 헛소문에 휩쓸려 남의 생각이나 의견을 자기 것처럼 믿고 잘못된 판단을 내림으로써 바람직하지 못한 행동을 하지 않도록 조심해야 한다.

유예 猶豫;

머뭇거릴 유 / 미리 예

어떤 일을 할 시일을 늦추거나 미루다

머뭇거리며 결행하지 않다

신문 사회면에 실린 재판 기사를 자세히 보면 "그에게 징역 2년에 집행유예 1년을 선고했다" 같은 문장이 눈에 띈다. 그렇다면 그는 교도소에 갈까, 안 갈까?

결론부터 이야기하면, 가지 않는다. 징역에 처하는 것을 미루는 것이 집행유예기 때문이다. 집행유예는 죄를 지은 사람이 그럴 만한 딱한 사정이 있을 때 주로 선고된다. 예를 들면 가난한 엄마가 슈퍼마켓에서 젖먹이에게 먹일 분유를 훔치다 들킨 경우다. 분명히 절도죄를 범했지만 사정이 딱하다. 이럴 때 징역형과 함께 집행유예가 선고된다. 다시 죄를 저지르지 않고 일정 기간 지내면 징역형을 아예 면제해주겠다는 뜻이다.

이때 쓰는 '유예(猶豫)'는 (어떤 일을 할) 시일을 늦추거나 미룬다는 뜻으로, '머뭇거릴 유'와 '미리 예'가 합쳐진 낱말이다. '유(猶)'는 개(犭·견)가 우두머리(酋·추) 앞에서 망설이는 모습을 그린 문자지만, 원래는 개처럼 생긴 원숭이를 가리키는 데도 쓰였다. '오히려 유'라고도 한다.

'오히려 유'로 쓰인 예가 '과유불급(過猶不及)'이다. '지날 과', '오히려 유', '아닐 불', '미칠 급'이 만나, 지나침은 오히려 미치지 못함과 같다는 뜻의 사자성어가 되었다. 사실 너무 지나쳐서 좋은 일은 드물다. 가령 책을 읽으라는 말은 숱하게 들어봤을 것이다. 그러나 자나 깨나 책 읽기에 빠진 나머지 먹는 일도 제쳐두고, 일도 안 하고, 사람들도 만나지 않는 등 '책벌레'를 넘어 서치(書癡, 책만 읽는 바보), 서음(書淫, 책 읽기를 지나치게 즐기는 사람)이 된다면 오히려 책을 안 읽느니만 못할 수 있다. 이럴 때 과유불급이라 한다.

'예(豫)'는 코끼리(象·상)는 자기(予·여)가 할 일을 미리 안다는 뜻을 담았는데, 원래는 큰 코끼리를 가리켰다고 한다. 앞으로 배울 것을 미리 학습하는 '예습(豫習)'이나 앞일을 미리 알리는 '예보(豫報)', '예고(豫告)' 등에서 볼 수 있다.

잠식 蠶食;

누에 잠 / 먹을 식

누에가 뽕잎을 먹듯 조금씩 먹어 들어가다

소리 없이 남의 것을 야금야금

옛날엔 누에가 귀중한 자산이었다. 벼슬아치의 고급 옷감으로, 교역 물품으로 귀한 대접을 받았던 비단을 짜려면 누에가 필수였기에 국가에서 정책적으로 관리했을 정도다. 오늘날 서울 강남의 노른자위로 치는 송파구 잠실동은 조선 시대 나라가 지정한 누에 치는(蠶·잠) 방(室·실)이 있었다 해서 생긴 마을 이름이다.

요즘은 특별히 찾아보지 않으면 실제 누에를 접하기가 힘들다. 나는 초등학생 때 딱 한 번 누에를 본 적 있는데 참 신기했다. 작은 초록빛 벌레가 꼬물거리며 뽕잎을 어찌나 빨리 갉아먹는지, 내가 지켜보는 동안 뽕잎이 쑥쑥 줄어들어 놀랐던 기억이 있다.

이 누에가 뽕잎을 먹듯 조금씩 먹어 들어가는 것을 '잠식(蠶食)'이라 한다. "한·중 FTA가 체결되면서 값싼 중국산 농산물이 국내 시장을 잠식할 것이 우려된다"는 식으로 쓰이는 말이다.

'잠(蠶)'은 자취도 없고(无·무) 소리도 없이(无·무) 말하듯(曰·왈) 실을 토해내는 벌레들(虫·충)을 뜻해 '누에 잠'이라 한다. 모양이 워낙 복잡한 데다 뜻은 한 가지여서 누에를 키운다는 뜻의 '양잠(養蠶)'에서나 만날 수 있는 글자다.

'식(食)'은 사람(人·인) 몸에 좋은(良·양) 것을 뜻하는 글자로 '먹을 식' 또는 '밥 식'이라 한다. 마시고 먹는 '음식(飮食)', 밥 먹는 장소인 '식당(食堂)', 끼니를 때우는 '식사(食事)'에 쓰인다. 그런데 몸에 필요하고 유익한 '먹을 식'이 들어간 낱말 가운데 좋지 않은 말이 있다. 바로 '식언(食言)'이다. 문자 그대로는 말(言·언)을 먹는다(食·식)로 풀이되는 식언은 한번 입 밖에 낸 말을 도로 넣는다는 뜻으로, 약속한 말대로 지키지 아니함을 일컫는다. "식언을 밥 먹듯 하다"란 표현은, 하루에 세 끼 밥을 먹듯 약속을 번번이 지키지 않는 것을 가리킨다.

식언은 상대편의 말을 슬쩍 받아 엉뚱한 말로 재치 있게 넘기는 말인 '신소리'나 함부로 지껄이는 말인 '허튼소리', 이치에 닿지 않는 서툰 말인 '선소리'와 다르다. 신소리, 허튼소리, 선소리는 앞뒤 사정을 알면서 제정신으로 한 말이지만 식언은 마음이 바뀌거나 해서 자기 말을 뒤집는 것이기 때문이다.

좌우명 座右銘;

자리 좌 / 오른 우 / 새길 명

늘 옆에 갖춰두고 가르침으로 삼다

앉은 자리 오른쪽에 있는 명문(銘文)

초등학생 때 가훈(家訓)을 알아 오라는 숙제를 받은 기억들이 있을 것이다. 그때 집안이 화목하면 모든 일이 잘된다는 '가화만사성(家和萬事成)'이나 "실패는 성공의 어머니" 같은 좋은 말을 적어 가곤 한다.

가훈은 가정교훈, 즉 집안의 가르침이다. 집안사람들이 갖춰야 할 도리 또는 성공을 위한 가르침을 정해 후손 대대로 지켜가는 것이다. 가훈이 가족 차원의 가르침이라면, 개인이 스스로 지켜가야겠다고 다짐하는 것이 '좌우명(座右銘)'이다. 가까운 예로 영화 등에 등장하는 조직폭력배가 팔뚝에 "차카게(착하게) 살자"라고 새긴 문신도 좌우명에 속한다.

이런 문신이 어느 쪽 팔뚝에 새겨져 있든 좌우명이라 할 만하니, 혹시 왼쪽과 오른쪽에 새겨진 이름으로 좌우명(左右名)이라고 알고 있다면 큰 오해다. '좌(左)'가 아니라 '좌(座)'를 쓰기 때문이다.

좌우명은 '자리 좌', '오른쪽 우', '새길 명'이 합쳐진 낱말로, 말 그대로는 자리 오른편에 놓아둔 명문(銘文)이란 뜻이나, 늘 자리 옆에 갖춰두고 가르침으로 삼는 말이나 문구를 일컫는다. 먼저 '좌(座)'를 보자. 집(广·엄) 안에 앉는(坐·좌) 자리란 뜻이다. 그래서 앉는 자리인 '좌석(座席)', 한자리에 모여 의견을 나누는 '좌담(座談)', 권력을 가진 지위나 자리인 '권좌(權座)' 등에 쓰인다.

'명(銘)'은 쇠(金·금)에 이름(名·명)을 남긴다는 뜻으로, 가르침을 (잊지 않고) 새겨두겠다는 '명심(銘心)', 마음에 새길 정도로 받은 감동인 '감명(感銘)' 등에서 볼 수 있다. 금석(金石)이나 그릇 등에 단단히 새겨 오래 두고 볼 글이 '명문(銘文)'이니, 뜻 깊은 글을 새겨 일생의 교훈으로 삼는 것이 좌우명이다.

자, 그렇다면 왜 '오른쪽 우'가 들어갔을까? '우(右)'는 일을 하는 오른손을 본뜬 모양에 손뿐만 아니라 입(口·구)으로도 조언한다는 뜻을 담은 글자로, 원래는 돕는다는 의미였지만 '도울 우(佑)'란 글자를 새로 만들면서 오른쪽이란 뜻을 갖게 되었다. 그런데 낮은 지위나 먼 지방으로 옮겨 간다는 '좌천(左遷)'에서 보듯 중국에선 왼쪽에 비해 오른쪽을 높이 쳤다. 이는 오른손을 '바른손'이라 하는 데도 그 흔적이 남아 있다. 어쨌든 그렇게 해서 일생에 걸쳐 지킬 교훈은 오른쪽에 두고 늘 보면서 다짐을 새롭게 한다는 뜻에서 '오른쪽 우'가 쓰였다.

주효 奏效;

아뢸 주 / 효과 효

높은 이에게 아뢰니 효력이 나타나다

효과가 생기니 일이 성취되다

"감독의 작전이 주효해서 우리 팀이 승리를 거뒀다"고 하면 어떤 생각이 들까? 선수를 바꾸거나 전술을 달리한 것이 승리 요인이 됐다고 추측할 수 있다. 그렇다면 여기서 '주효(奏效)'란 무슨 뜻일까? 한자를 어지간히 아는 사람이라도 주가 된 효과, 즉 큰 효과라고 오해하는 경우가 많다.

그런데 아니다. 주효는 효력이 나타난다는 뜻으로, '主效'가 아니라 '奏效'다. 즉 '아뢸 주'와 '효과 효'가 만난 낱말이다. '주(奏)'는 하늘땅(二·이) 같은 위대한(大·대) 분에게 어린(夭·요) 사람이 고하는 모습을 나타낸다. 원래는 나아감을 뜻하지만, 나아가 아뢴다는 뜻으로 변했다. 그래서 임금에게 말씀을 아뢰는 '상주(上奏)', 악기를 다뤄 곡을 표현하거나 들려주는 '연주(演奏)', 노래나 기악 연주를 도와주기 위해 옆에서 다른 악기를 연주하는 '반주(伴奏)'에 쓰인다.

'효(效)'는 사귀어(交·교) 본받도록 채찍질하는(攵·복) 것, 즉 본보기를 뜻한다. 이것이 본떠서 나타나는 결과, 곧 효과를 나타내게 되었다. 당연히 '효과(效果)', 효과가 나도록 하는 힘인 '효력(效力)', 효력이 나타나는 '발효(發效)'에 쓰인다.

여기서 한시 한 수를 보자. "金樽美酒千人血(금준미주천인혈) 玉盤佳肴萬姓膏(옥반가효만성고)"로 시작하는 작품이다. 이는 "금동이의 아름다운 술은 만백성의 피요, 옥소반의 아름다운 안주는 만백성의 기름이라"는 뜻인데, 소설《춘향전》에서 암행어사가 된 주인공 이몽룡이 백성을 착취해 홍청망청 잔치를 즐기는 변 사또의 모습을 꼬집으며 읊은 시다.

이 이야기를 꺼낸 이유는 대구(對句)가 되는 '주'와 '효'로 이뤄진 '주효(酒肴)'를 설명하기 위해서다. 효력이 나타난다는 뜻의 주효(奏效)와 소리가 같은 주효(酒肴)는 술과 안주를 가리킨다. 특히 '안주 효'는 본래 짐승이나 물고기를 뼈째 구워 익힌 고기를 뜻하기도 하고 채소 절임을 가리키기도 하니, 술을 마실 때 곁들이는 안주를 총칭하는 것으로 보면 된다.

이왕 말이 나온 김에 이야기하자면, '안주(按酒)'는 술기운을 누르기 위한 음식이란 뜻이다. 마사지와 같은 뜻의 '안마(按摩)', 적절히 배치하는 '안배(按配)' 등에 쓰이는 '안(按)'은 손(扌·수)으로 편안(安·안)하도록 어루만진다는 뜻으로 '어루만질 안', '누를 안'이라 하기 때문이다.

천편일률 千篇一律;

일천 천 / 책 편 / 한 일 / 가락 률

모두 판에 박은 듯하다

수많은 시가 가락이 같네

설이나 추석 연휴 때 텔레비전 프로그램을 보면 대부분 비슷비슷하다. 청룽 주연의 영화, 아이돌스타가 출연하는 체육대회나 장기 자랑, 가수와 개그맨들이 편을 갈라 벌이는 가요대항전 등이 주를 이룬다. 이럴 때 "명절에는 텔레비전 프로들이 천편일률적이다"라고 한다.

'천편일률(千篇一律)'은 여럿이 엇비슷한 모양이란 뜻으로, 시에서 나온 비유적 표현이다. 시를 일컬어 운문(韻文)이라 하는데, 예전의 시는 동서양을 막론하고 두운(頭韻), 각운(脚韻), 압운(押韻) 등 가락이 있었다. 쉬운 예로 우리 전통 시조에서 3·4조를 기본으로 하면서 종장은 세 글자 단어로 시작하는 것을 들 수 있다.

이처럼 음의 강약, 장단, 고저 또는 동음이나 유음의 반복으로 맞추는 시의 가락을 운율(韻律)이라 했다. 그런데 특히 한시(漢詩)는 운율을 맞추기 까다롭다고 한다. 중국어는 높낮이와 길이가 다른 사성(四聲)이 있는 데다가 시대에 따라 운율을 맞추는 방식이 변했기 때문이다.

천편일률은 말 그대로 풀이하면 천 편의 시가 모두 판에 박은 듯 한가지 가락이란 뜻이다. '일천 천(千)', '책 편(篇)', '한 일(一)', '가락 률(律)'이 만났으니 말이다. 이 중 중요한 두 글자 '편'과 '율'을 보자.

'율(律)'은 행할(彳·척) 바를 붓(聿·율)으로 적으니 '법칙 률'이라 하는데, 법칙처럼 확실히 반복된다 해서 가락을 뜻하게 되었다. 그래서 '법률(法律)'이나 자기 스스로 세운 원칙인 '자율(自律)'에는 물론 가락에 맞춰 움직이는 '율동(律動)' 등에 두루 쓰인다.

'편(篇)'은 오랜 옛날 종이가 없던 시절에 대나무(竹·죽)를 넓적하게(扁·편) 잘라 글을 써 묶은 것, 즉 책을 나타내는 글자다. 짧은 소설인 '단편(短篇)'이나 한자 사전인 '옥편(玉篇)' 등에 쓰이지만, 책이나 영화 또는 시 따위를 세는 단위, 즉 1편(篇), 2편 할 때도 이 글자를 쓴다.

여기서 주의할 점은 이미 있는 곡의 연주 형식을 바꾸는 '편곡

(編曲)', 신문이나 잡지 등을 만드는 '편집(編輯)', 이미 짜인 대열 등에 끼어 들어가는 '편입(編入)' 등에 쓰이는 '편(編)'은 다른 글자라는 것이다. 실(糸·사)로 작고 납작한(扁·편) 것들을 묶는 모습을 나타내 '엮을 편'이라 한다.

편파 偏頗;

치우칠 편 / 치우칠 파

공정하지 못하게 한쪽으로 기울다

치우치고 또 치우치다

"금품을 받고 특정 팀에 유리하도록 편파 판정을 일삼던 심판들이 구속됐다." 이런 뉴스를 본 적이 있을 것이다. 편파 판정이란 공정하지 않은 판정이라고 짐작할 수 있는데, 과연 '편파'는 어떻게 쓸까? 무슨 파벌을 연상해 '물결 파(派)'를 떠올리는 이도 있을 것이다. 한데 여기 쓰인 한자가 그리 간단하지 않다.

'편파(偏頗)'는 '치우칠 편'과 '치우칠 파'가 만난 낱말로, 공정하지 못하고 어느 한쪽으로 치우쳐 있음을 뜻한다. '편(偏)'은 사람(亻· 인)이 작은(扁 · 편) 것에도 곧잘 치우치는 것을 나타내는 문자로, 가장 자주 접하는 낱말로는 특정한 음식을 가려 즐겨 먹는

'편식(偏食)'이 있다. 사람들이 원래 그런 경향이 있어서인지 이 글자는 뜻밖으로 쓰임새가 많은데, 공정하지 못하게 한쪽으로 치우친 생각인 '편견(偏見)'과 어느 한 사람이나 한쪽을 지나치게 사랑하는 '편애(偏愛)' 등에서도 만날 수 있다.

'파(頗)'는 원래 머리카락 없이 살가죽(皮·피)만 남은 머리(頁·혈)를 형상화한 문자인데, 이것이 삐딱하게 보인다 해서 치우친다는 뜻을 갖게 되었다고 한다. 글자 뜻이 그런 만큼 잘 쓰이지 않는 문자로, 아주 많다는 뜻의 '파다(頗多)'에 쓰이는 정도다.

어쨌거나 자기 스스로가 해당되지 못할 우려가 있으니 사람들은 편파를 싫어한다. 경쟁이 있는 경우의 판정이나 심사에선 특히 그렇다. 자연히 편파 판정과 편파 심사를 막으려고 여러 가지 방법이 고안됐는데, 평가자가 평가 대상에 대한 사전 정보 없이 실적이나 결과만 심사하는 블라인드 테스트(blind test)도 그중 하나다. 예를 들어 음악대학 실기 입시 때 응시생이 커튼 뒤에서 연주하면 심사위원은 그 연주만 듣고 채점하는 방식이다.

아마 블라인드 테스트 중 가장 유명한 것은 1975년 펩시콜라가 대대적으로 실시한 '펩시 챌린지'일 것이다. 소비자의 눈을 가린 채 맛으로만 펩시콜라와 코카콜라 중 선택하게 한 이 행사의 결과는 대체로 펩시의 우세로 나타나, 펩시가 선두 업체인 코카콜라를 따라잡는 데 크게 기여했다.

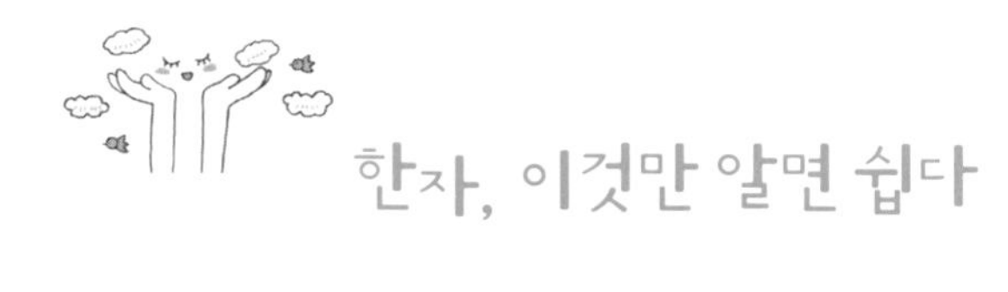

한자, 이것만 알면 쉽다

2015년 현재 고등학교 1, 2, 3학년 학생들은 각기 다른 형태의 대학수학능력시험을 치른다고 한다. 해방 이후 선거제도와 더불어 입시 제도가 가장 자주 많이 바뀌었다지만, 참으로 어처구니없는 일이다.

"교육은 한 나라의 장래를 결정하는 백년대계다"라는 말이 무색한 이런 상황은 한자 교육에서도 마찬가지다. 한글 전용론과 한자 병용론의 틈바구니에서 세대별로 한자와의 인연, 그러니까 전혀 한자를 배우지 못한 세대에서 한문 과목을 이수한 세대까지 천차만별이다. 내 경우는 그나마 다행이었다. 우리 세대가 중학교에 다닐 때는 한자 교육이 전무한 시절이었는데, 어찌 된 일인지 내가 다닌 학교에는 한문 시간이 있었다.

우(牛)와 오(午)도 구분 못 하는 처지에서 시작해 '적선지가 필유여경(積善之家必有餘慶)'이라든가 '삼인행 필유아사(三人行必有我師)' 등 《채근담》, 《논어》 등에 나오는 명문까지 맛봤다. 이 시절 배운 것이 평생 한자 교육의 전부였다. 그 뒤로는 따로 한자를 배울 기회가 없었으니, 이제 와서 어지간한 한자를 읽어내거나 이따금 사자성어를 섞어 글 쓰는 정도가 된 것은 어디까지나 개인적 취향 덕분이라 해도 그리 틀린 말은 아니다.

어쨌거나 한자는 쉽지 않다. 기역, 니은만 익혀 이리저리 조합하면 글자를 쓸 수 있는 한글과 달리 한자는 하나하나 익혀야 한다. 복잡한 모양을 통으로 외워야 하니 확실히 한글보다 불편하다. 그래도 조금만 요령을 알면 일상에서 쓰는 한자, 언어생활에 지장이 없을 정도의 한자어를 구사하는 데 크게 문제가 없다. 여기서는 이를 위한 간단한 팁을 정리해본다.

먼저 한자는 표의문자다. 말 그대로 글자마다 뜻이 있으니 뜻과 소리를 함께 알아야 한다. 그 뜻인 훈(訓)과 소릿값인 음(音)을 알아야 한자를 제대로 아는 것이다. 예를 들어 한문 초급 교본인 《천자문》은 '하늘 천, 따 지'로 시작하는데, 이때 '하늘'은 천(天)의 훈이고 '천'은 음이다.

다음으로 한자는 쓰는 순서가 있다. 한글 자모도 쓰는 순서가 있지만, 특히 한자는 복잡한 글자 형태를 제대로 나타내자면 순서를 지켜 쓰는 것이 좋다. 그 요령으로 '왼쪽에서 오른쪽으로, 위에서 아래로, 바깥에서 안으로' 정도만 알면 크게 무리가 없다.

'나라 국(國)'을 예로 들어보자. '바깥에서 안으로'이니 울타리를 먼저 쓴다. 다음엔 '위에서 아래로'에 따라 위 가로 획을 긋고, '왼쪽에서 오른쪽으로'에 따라 왼쪽의 '입 구(口)'와 이를 받치는 가로 획을 쓰고, 오른쪽의 세로 획 세 개를(삐침을 마지막으로) 쓴 뒤 울타리 밑을 가로 획으로 막는다.

(丨→冂→冂→冋→國→國)

마지막으로 낯선 한자의 훈과 음을 옥편에서 확인해야 하는 경우다. 이때는 한자의 구성 요소에는 소리나 뜻이 연관된 것이 많다는 점을 기억하면 도움이 된다. 예를 들어 '푸를 청(靑)'이 들어간 글자는 대체로 '청' 또는 '정'으로 소리 나는 경우가 많다. 그리고 '맑을 청(淸)'을 알면 '청할 청(請)', '갤 청(晴)', '쓿은쌀 정(精)', '고요할 정(靜)', '뜻 정(情)'을 처음 본다 해도 소리를 짐작할 수 있다. 물론 '샘할 시(猜)'처럼 엉뚱하게 읽는 한자도 있으나, 예외 없는 법칙은 없는 법이다. 영어도 마찬가지 아닌가.

대부분 옥편 뒤에는 한글 음의 순서에 따라 한자가 정리되어 있으므로 모르는 한자를 찾아낼 수 있다. 그래도 안 되면 글자의 총획을 파악해 역시 옥편 뒤편의 획

순 정리를 이용해 찾아가면 된다. 획수를 계산할 때는 원래 한자가 붓으로 썼다는 것을 참고하면 된다.

그러나 옥편에서 정식으로 한자를 찾는 방법은 각 글자의 부수(部首)를 이용하는 것이다. 옥편은 부수 획수에 따라 한자를 정리해놓았다. 부수는 글자의 뜻이나 소리를 나타내는 구성 요소를 가리키는데, 위치에 따라 그 명칭이 다르다.

보통 여덟 가지를 꼽는데, 글자 왼쪽에 있는 변(邊), 오른쪽에 있는 방(旁), 위에 있는 관(冠), 밑에 있는 각(脚), 위와 왼쪽을 싸고 있는 수(垂), 변과 발을 싸고 있는 요(繞), 에워싸고 있는 구(構), 글자 자체가 그대로 부수인 단독(單獨)이 그것이다(요는 보통 책받침이라 하고, 단독은 제부수라고도 한다).

예컨대 '삼 수 변이 붙은 글자'라 하면 획이 셋(三 · 삼)으로 물(水 · 수)의 뜻을 담은 '氵'가 왼쪽(邊 · 변)에 붙은 글자를 가리킨다. 또 '인 변이 붙은 글자'는 사람을 뜻하는 인(人)의 변형인 '亻'이 붙은 한자를 말한다. '초(艹) 두'는 풀(艸 · 초)을 뜻하는 부수가 글자 위에 있는 것으로, '꽃 화(花)'나 '쓸 고(苦)' 등 식물과 관련된 글자들이 그런 예다.

옥편은 이렇게 부수와 획수별로 글자를 분류한 뒤 다시 글자의 나머지 획수 순에 따라 훈과 음을 풀이해놓았으므로, 이 요령으로 찾으면 된다.

'고독(孤獨)'은 세상에 홀로 떨어져 있는 듯이 매우 외롭고 쓸쓸함을 뜻하지만,
원래는 부모 없는 어린이와 자식 없는 노인을 함께 일컫는 말이었다.
'외로울 고(孤)'는 자식(子·자)이 부모를 잃은 것이 오이(瓜·과)가 말라버린 줄기에
앙상하게 매달려 있는 모습 같다는 뜻이다.

한자어에 숨은 의미를 알면 문맥 파악이 빨라진다

2

지금껏 잘못 알고 있던 한자어, 겉으로는 드러나지 않는
숨은 뜻이 있는 한자어, 시간이 지나면서 의미가 달라진 한자어 들을 알면
어휘력이 향상되고 문맥 파악이 빨라진다.

각하 閣下;

집 각 / 아래 하

누각 아래 있는 신분이 높은 사람

모든 공무원이 각하라면

'각하(閣下)'란 말을 들으면 어떤 생각이 드는가? 나라가 어지럽던 시절엔 "장관 각하", "중장 각하" 하는 식으로 각하란 존칭이 어지럽게 쓰이기도 했다. 지금은 대통령에게만 쓰이는 말이다.

각하는 관청 청사를 가리키는 각(閣) 아래(下·하)에 있는 사람, 즉 높은 사람을 가리킨다. 문(門)이 각(各) 방향으로 나 있는 누각을 가리키는 '문설주 각(閣)' 또는 '집 각(閣)'은 원래 문이 저절로 닫히지 않도록 받쳐놓은 말뚝을 일컫는 글자였다. 이것이 시렁과 선반까지 가리키다가 방이란 뜻으로 발전했으며, 다시 궁중의 방, 곧 관청을 가리키게 되었다는 설명이다. 그렇게 된 것은 오래전 고대 중국의 진(秦)나라 때부터로, 왕이나 황제를 이르는 전하(殿下)나 폐하(陛下)와 함께 고관을 부르는 존칭으로 쓰였다고 한다. 말 그대로 풀이하면 '전하'는 큰 집 아래, '폐하'는 섬돌 아래를 뜻한다. 확실히 예부터 관청은 여염집보다 크고 호화로웠던 모양이다.

한데 각하의 쓰임새에 대한 이견도 있다. 말 그대로라면 문설주 아래 또는 누각 아래 있는 사람은 높은 사람이 부를 때 즉각 달려가 부림을 당하던 하인이나 시종이라는 주장이 그것이다. 21세기 민주 사회에선 이러한 설명에도 나름 고개를 끄덕일 요소가 있다. 공무원을 뜻하는 영어 'public servant'는 '공공의 하인'이란 뜻이니까 말이다. 물론 이 영어 단어를 한자어로 그대로 옮긴 '공복(公僕)'이란 말이 있기는 하다. 이때 '공(公)'은 공정하다 또는 대중이란 뜻이며, '복(僕)'은 사람(亻·인) 중 많은 일을 처리하는 종을 가리키는 글자로 '종 복'이라 한다. 하지만 공복이란 말은 좀처럼 쓰이지 않는다. 아직까지 공무원은 관리, 옛말로 하자면 '나라님'이란 생각이 남아서인지 모르겠다. 모든 공무원이 각하까지는 아니더라도 공복이란 생각을 가진다면 우리나라는 좀 더 살기 좋은 사회가 될 것이다.

한편 바로잡아야 할 존칭이 또 있다. 흔히 영부인(令夫人)이라 하면 대통령의 부인에 대한 존칭으로만 여긴다. 하지만 이는 잘못된 인식이다. 영부인이란 남의 아내를 높여 부르는 존칭이기 때문이다. 예를 들어 공식 모임을 알리는 초청장에서 부부 동반으로 오라는 뜻으로 '동영부인(同令夫人)'이라고 표현하는데, 이는 존경하는 부인과 함께란 뜻이다. 각하와 함께 영부인도 제대로 가려 써야 할 말이다.

고독 孤獨;

외로울 고 / 홀로 독

세상에 홀로 떨어져 외롭고 쓸쓸하다

부모도 자식도 없으니

드넓은 운동장, 한 모퉁이 벤치에 혼자 앉아 있다. 전교생이 모두 수학여행을 떠났는데 집안 사정으로 혼자만 못 갔다. 따가운 가을 햇살이 내리쬐는 운동장에 이리저리 뒹구는 나뭇잎만 물끄러미 바라본다. 이야기를 나눌 친구도 하나 없고, 엄마 아빠는 내 마음을 몰라준다. 하늘 아래 나 혼자만 있는 것 같다…….

이럴 때 쓸쓸하다, 외롭다 한다. 어려운 말을 쓰자면 고독하다 한다. 하지만 본뜻을 알고 나면 이 정도로 고독하다란 말을 쓰는 것이 감정의 사치라고 느낄지 모른다.

'고독(孤獨)'은 세상에 홀로 떨어져 있는 듯이 매우 외롭고 쓸

쓸함을 뜻하지만, 원래는 부모 없는 어린이와 자식 없는 노인을 함께 일컫는 말이었다. '외로울 고(孤)'는 자식(子·자)이 부모를 잃은 것이 오이(瓜·과)가 말라버린 줄기에 앙상하게 매달려 있는 모습 같다는 뜻이다. 상상해보라. 얼마나 애처로운 모습인가. 이 글자는 달리 '부모 없을 고'라고도 하는데, 이런 뜻으로 제대로 쓰인 말은 부모 없는 아이를 가리키는 '고아(孤兒)'다.

'홀로 독(獨)'은 개(犭·견)와 애벌레(蜀·촉)처럼 서로 어울리지 못하고 홀로 지내는 모습을 뜻한다. 남에게 의지하지 않고 따로 선다는 '독립(獨立)'에 바로 이 글자가 쓰인다. 독립을 뜻하는 영어 단어 'independence'가 '의지하다(depend)'에 부정을 뜻하는 접두사 'in'이 붙어 '의지하지 않다'란 뜻을 만든다는 사실은 곁가지로 알아두자. 아무튼 '자식 없을 독'으로도 풀이되는 이 글자는 '독거(獨居)노인'에 쓰인다. 그러므로 독거노인은 엄밀히 따지자면 자식이 없어서 홀로 사는 노인을 가리킬 때 써야지, 자식에게 버림받은 노인에게 쓸 말은 아니다.

'외로울 고'가 들어간 말로 흔히 볼 수 있는 표현이 있다. 바로 '고군분투(孤軍奮鬪)'다. 아군의 도움을 받지 못하는 외로운 군대가 막강한 적군과 홀로 용감하게 싸울 때 쓰는데, 이제는 어떤 스포츠 팀의 전력이나 성적은 형편없지만 스타 선수 홀로 눈부신 활약을 할 때 "홍길동 선수만 고군분투하고 있다"고 쓴다. 한편 외롭고 의지할 데 없는 처지를 나타내는 '사고무친(四顧無親)'이란 말이 있다. 사방을 둘러보아도 의지할 만한 가까운 사람이 없는 외로운 처지를 뜻하는데, 여기선 '외로울 고'가 아니라 '둘러볼 고(顧)'를 쓴다는 점에 유의하자.

구사驅使;

몰 구 / 부릴 사

능숙하게 마음대로 부려 쓰다

말을 몰아 부리는 솜씨

시간이 지나면 거의 모든 것이 발전한다. 야구도 예외가 아니다. 직구와 커브가 투수들이 던지는 구종의 전부인 줄 알았는데, 최근에는 슬라이더, 컷패스트볼, 서클체인지업 등 다양한 변화구가 등장했다. 심지어 슬라이더와 커브를 합친 슬러브란 말도 나왔다(박찬호 선수가 잘 던졌단다).

이러한 구종 수를 일컫는 말이 '투 피치(two pitch)'와 '포 피치(four pitch)'다. 한 투수가 몇 가지 변화구를 능수능란하게 던지는가를 표현하는 말이다. "류현진 선수는 포 피치라서 미국 메이저리그에서 성공했다", "아무개 선수는 투 피치라서 공이 단조롭다" 하는 식이다.

이때 쓸 수 있는 말이 '구사(驅使)'다. 말이나 수사법, 기교, 수단 따위를 능숙하게 마음대로 부려 쓴다는 뜻으로, "4개 국어를 구사한다"거나 "커브볼을 자유자재로 구사한다"처럼 쓰인다.

한데 이 구사를 뜯어보면 말을 이동 수단 또는 전투 장비로 쓰던 옛날 흔적이 엿보인다. 바로 '구(驅)'는 말(馬·마)을 특정한 구역(區·구)으로 몰아 달린다는 뜻이어서 '(말) 몰 구'라 한다. '구(區)'는 '나눌 구' 또는 '구역 구'라고도 하는데, 물건(品·품)을 감추려고(匸·혜) 나눈다는 뜻이다. 이렇게 말을 조종한다는 뜻이라 현대어에는 많이 살아남지 못했다. "못된 시어머니가 며느리를 구박하다"에서 보듯 못 견디게 괴롭힌다는 '구박(驅迫)', 달리기를 뜻하는 군대 용어 '구보(驅步)'에서 찾아볼 수 있는 정도다.

'사(使)'는 사람(亻·인)이 관리(吏·리)를 시켜 일을 하도록 한다는 뜻으로 '하여금 사', '부릴 사'라고 한다. 이는 노동자와 사용자를 아울러 이르는 '노사(勞使)', 맡겨진 임무를 뜻하는 '사명(使命)', 임금이나 국가의 명을 받아 외국에 사절로 가는 '사신(使臣)'이나 '대사(大使)' 같은 낱말에 쓰인다.

한편 대사(大使)는 다른 나라에 파견되어 국가의 권위를 대표하는 큰 심부름을 한다는 뜻에서 '특명전권대사'라고도 한다. 나라의 이익을 대표하다 보니 때로는 마음에도 없는 말을 해야 할 경우도 있다. 그래서 유럽 각국이 식민지 확보에 열을 올리던 제국주의 시절엔 "대사는 나라를 대표하여 거짓말을 하도록 외국에 파견된 사람"이란 우스개도 있었다.

금도 襟度;

옷깃 금 / 법도 도

다른 사람을 품는 넓은 마음

남을 포용할 만한 도량

신문이나 책에서 한자를 쓰지 말자는 의견도 있었지만 한자어는 여전히 남아 있다. 그러다 보니 원뜻을 잊고 잘못 쓰이는 한자어가 여럿 생겨났다. '금도(襟度)'도 그런 사례 가운데 하나다.

"학생으로서 지켜야 할 금도가 있다"거나 "여당 대표의 몰지각한 발언은 정치인의 금도를 벗어난 것이다"란 말을 들어봤을 것이다. 이럴 때 금도는 금지하는 정도, 곧 지켜야 할 선을 의미하는 듯 보인다. 굳이 한자로 적자면 금도(禁度)라 할까?

하지만 그런 낱말은 없다. 본디 금도는 '옷깃 금'과 '법도 도'가 만나 이뤄진 낱말로, 다른 사람을 포용할 만한 도량이란 뜻이다. 풀어 쓰면 '넓은 마음'으로, "금도를 보이다", "금도를 베풀다"처럼 쓸 수 있다. 이를테면 "항복한 적을 용서하는 금도를 보여줘야 한다"처럼 써야 마땅하다. 주로 정치인의 말이나 행동을 생각 없이 전하는 언론 탓에 이런 오용(誤用) 사태가 벌어졌다.

금도(襟度)를 뜯어보자. '금(襟)'은 옷(衤·의)에 다른 것을 금(禁)하도록 두껍고 깨끗하게 한 부분, 즉 옷깃을 뜻하는 글자다. 한편 '금할 금(禁)'은 숲(林·림)이 보여도(示·시) 함부로 베지 못하도록 한다는 뜻의 한자다. '옷깃 금'은 옷깃이 가리는 지점인 가슴을 가리키다가 다시 마음까지 뜻하게 되었다. 유래가 이렇다 보니 현대어에선 잘 쓰이지 않아서, 마음속 깊은 생각을 일컫는 '흉금(胸襟)'에 남아 "흉금을 터놓고 이야기하다" 식으로 쓰이는 정도다.

'도(度)'는 원래 양팔을 벌린 길이를 일컫다가 '(길이를) 재다', '헤아리다'란 뜻을 갖게 되었다. 그래서 사물의 분량이나 가치를 재는 수준을 가리키는 '정도(程度)', 따뜻함과 차가움의 정도인 '온도(溫度)', 굳셈의 크기인 '강도(强度)' 등에 쓰인다.

금도의 낱말 풀이에도 나오는 '도량(度量)'은 넓은 마음과 깊은 생각을 뜻한다. '양(量)'은 용량을 재는 기구로 '되 량'이라 하는데, 길이를 재는 '도(度)'와 만나 넓은 마음을 뜻하는 데 쓰인다. 물론 킬로그램, 미터, 평, 근처럼 길이, 부피, 무게 따위의 단위를 재는 법을 일컫는 '도량형(度量衡)'에 쓰이는 한자도 이 글자다.

대책 對策;

대할 대 / 꾀 책

책을 마주대하고 답을 내놓다

벼슬아치를 뽑던 과거에서 비롯되다

어떤 일에 대처할 계획이나 수단을 일러 '대책(對策)'이라 한다. "우리 팀 주전 공격수가 시합을 코앞에 두고 부상을 당했는데 대책이 없다"라고 하는 식이다. 친구들끼리 "대책 없는 녀석"이라고 하면, 자기 내키는 대로 멋대로 행동해 딱히 제어할 방법이 없는 인물을 가리킨다.

대책은 뜻밖에도 옛날 벼슬아치를 뽑던 과거에서 비롯된 말이다. '책(策)'은 대나무(竹·죽)를 가늘게 쪼갠 것으로 가시(朿·자)처럼 아프게 하는 것, 즉 채찍을 형상화한 글자다. 기본적으로는 '채찍 책'이라 하지만, 아프지 않게 맞으려 하니 '꾀 책'이란 뜻도

있다. 꾀나 방법이란 뜻의 '계책(計策)', '책략(策略)'에 쓰이는 것도 그런 이유다. 또 종이가 만들어지기 전엔 대나무를 얇게 쪼개어 글을 썼는데, 이를 책(策)이라 했다. 아무튼 이런저런 이유로 과거에서 정치에 관한 계책을 묻던 과목을 '책문(策問)'이라 했다.

한데 중국 한나라 때 과거는 좀 독특했단다. 과거에 응시한 수험생이 모두 같은 문제를 푸는 방식이 아니라, 저마다 앞에 문제가 적힌 책(策)을 놓고 거기 맞춘 답을 쓰도록 했다는 것이다. 이처럼 책을 마주 대하고 답을 쓰도록 하는 시험을 대책(對策)이라 했으니, 서술형이나 객관식 등 시험 방식의 일종이었다는 이야기다.

'상대할 대' 또는 '대답할 대'라 하는 '대(對)'는 우리가 흔히 쓰는 말에 자주 등장한다. 마주해 이야기를 주고받는 '대화(對話)', 서로 맞서 우열이나 승패를 가리는 '대결(對決)', 상대가 묻거나 요구하는 것에 답하는 '대답(對答)' 등이 그런 예다.

한편 종이 대신 대나무를 썼다는 흔적이 남아 있는 글자가 '책 책(冊)'이다. 이 글자는 글이 쓰인 대나무 쪽 여러 개에 구멍을 뚫고 끈으로 묶은 책 모양을 그대로 형상화한 것이다. 참고로 '교과서(敎科書)', '참고서(參考書)'에 쓰이는 '책 서(書)'는 붓(聿·율)으로 말하듯(曰·왈) 쓴다 해서 기본적으로는 '쓸 서'라 하는데, '글 서' 또는 '책 서'란 뜻도 갖게 되었다.

두각 頭角;

머리 두 / 뿔 각

어떤 일의 시작 또는 으뜸가는 재능

학식이나 재능, 기예가 뛰어나다

한자어 기원을 잘 몰라서 잘못 쓰는 경우가 적지 않다. '두각(頭角)'이 그렇게 종종 잘못 쓰이는 낱말 중 하나다.

두각은 보통 '보이다', '나타내다', '드러내다' 등의 서술어와 어울려 쓰인다. "성적이 좋지 못하던 길동이가 운동에서 두각을 보였다"는 식이다. 이때 두각은 뛰어난 학식이나 재능을 비유하는 말로서, 낱말의 원뜻을 살린 표현이다. 그러므로 "올해 판매된 수입 자동차 중 포르쉐가 두각"이란 신문 기사 제목은 잘못됐다. 여기서 두각은 단지 '튀어나오다' 또는 '앞장서다'란 의미로 쓰였기 때문이다.

이 낱말을 찬찬히 보면 알 수 있다. '머리 두(頭)'와 '뿔 각(角)'으로 이뤄진 이 낱말은 몸의 가장 끝부분이란 뜻에서, 어떤 일의 시작 또는 으뜸가는 재능을 나타내게 되었다.

'두(頭)'는 콩(豆·두)처럼 둥근 머리(頁·혈) 모양을 본떠 만든 글자로, 꼭대기나 맨 앞 또는 시초를 의미하는 말에도 쓰인다. 이를테면 첫머리를 뜻하는 '선두(先頭)', 패거리의 우두머리인 '두목(頭目)' 등이다. 유의할 점은 불교에서 참선하는 이에게 깨우침을 주기 위해 내리는 과제이자 말머리란 뜻의 '화두(話頭)'와, 일이나 글의 첫머리인 '벽두(劈頭)'에도 이 글자가 쓰인다는 것이다. "올해 우리 회사의 화두는 매출 증대"라 하면 무엇보다 매출 증대에 매달리겠다는 뜻이고, "새해 벽두부터"라면 1월 초부터란 뜻이다.

'각(角)'은 짐승의 뿔 모양을 본뜬 문자로, 날카롭게 각이 진 모양이어서 '각도(角度)'에 쓰인다.

우리 속담에 "빈대 잡으려고 초가삼간 태운다"라는 말이 있다. 요즘에야 구경할 일이 거의 없지만 예전엔 빈대가 많았다. 사람 몸에 붙어 피를 빨아 가렵게 하는 아주 성가신 해충이었다. 이 빈대를 없앤다고 아예 집을 태워버리는 것처럼 당장 눈앞의 이익에 정신이 팔려 큰 손해를 무릅쓰는 어리석음을 비웃는 속담이다.

이와 비슷한 것이 '교각살우(矯角殺牛)'란 사자성어다. '바로잡을 교', '뿔 각', '죽일 살', '소 우'가 어우러져 뿔을 바로잡으려다 소를 죽인다는 뜻을 담았으니, '빈대 잡으려고 초가삼간 태운다'란 속담과 같은 뜻이다.

또한 서로 이기려고 다투는 모습을, 짐승끼리 무기인 뿔을 서로 부딪치며 쫓고 쫓기는 모습에 견주어 '각축(角逐)'이라고 표현하기도 한다.

영수 領袖;

웃깃 영 / 소매 수

여럿 중 두드러진 인물, 우두머리

가장 눈에 띄고 두드러지다 보니

'영수' 소리만 들어도 머리가 아픈 친구들이 있을지 모르겠다. 영어와 수학을 가리키는 영수가 떠올라서. 하지만 여기서 '영수(領袖)'는 여러 사람 가운데 우두머리를 뜻하는 말이다. 요즘 청소년 말로 하자면 '짱'에 해당된다.

어려운 말이라 여길 것만은 아니다. 한국사에선 "노론의 영수 송시열" 같은 표현이 나오고, 요즘 신문을 보다 보면 "여야 영수회담" 같은 제목의 기사도 있으니까. 한데 이럴 때 쓰이는 영수의 한자를 물어보면, 제법 안다는 어른들 중에도 제대로 알지 못하는 이들이 많다. "대통령 영에 머리 수(首) 아닌가"란 답이 많이 나온다. 틀렸다.

영수는 '옷깃 영'과 '소매 수'로 이루어진 낱말이다. 옷의 부분을 가리키는 말들이 모여 어떻게 우두머리를 뜻하게 됐을까? '영(領)'부터 보자. 큰 지붕 아래 무릎 꿇고 있는 이에게 말하는 모양을 본뜬 '하여금 령(令)' 또는 '우두머리 령(令)'과 '머리 혈(頁)'이 합쳐진 형태다. '수(袖)'는 옷(衤·의)에서 말미암아(由·유) 생긴 것, 즉 소매란 뜻이다.

목둘레를 감싸는 옷깃과 손목을 스치는 소매 끝은 마찰이 잦다. 그래서 옛날엔 피부도 보호하면서 쉽게 닳는 것을 막으려고 옷깃과 소매 끝에 비단을 덧댔다. 그러다 보니 옷에서 가장 눈에 잘 띄어, 두드러진 인물이나 우두머리를 뜻하는 말로 쓰이게 되었다.

영수란 표현엔 두 가지 이점이 있다. 하나는 명목상 지위는 낮거나 없지만 실질적으로 지도력을 발휘하는 인물을 가리키는데 적절하다는 점이다. 예를 들어 조선 시대 '노론의 영수'가 반드시, 그리고 항상 최고 벼슬인 영의정 자리에 있었던 것은 아니다. 그렇다고 벼슬로 부르자니 마땅치 않다. 이럴 때 적당한 표현이 영수다. 다른 하나는 '여야 영수'처럼 당 대표와 당 총재 또는 최고위원 등 공식 직책이 다른 우두머리들을 점잖게, 예스럽게 일컬을 수 있다는 점이다.

한편 영(領)에는 여러 가지 뜻이 있어서, 일을 하는 데 꼭 필요한 묘한 이치를 뜻하는 '요령(要領)'이나 돈이나 물품 따위를 받을 때 주고받는 '영수증(領收證)'에도 쓰인다. 수(袖)가 들어가는 대표적 표현으로는 '수수방관(袖手傍觀)'을 들 수 있다. 손을 소매에 넣고, 그러니까 팔짱을 낀 채 지켜보기만 한다는 뜻이다.

전가 轉嫁;

구를 전 / 시집갈 가

잘못이나 책임을 다른 사람에게 넘겨 씌우다

여자가 두 번 결혼한다는 뜻에서 '떠넘기다'는 뜻으로

우리 속담에 "못되면 조상 탓"이란 말이 있다. 일이 잘되거나 출세하면 제 탓이라 하고, 일이 안 풀리거나 가난하게 살면 조상 탓으로 돌리거나 무덤을 잘못 쓴 탓이라고 한다는 것이다. 잘못된 원인을 자신이 아닌 다른 사람이나 다른 상황에서 찾는 태도를 말하는데, 이를 '전가(轉嫁)'라 한다. 거의 매번 '책임'과 짝을 이뤄 "책임을 전가하다"라고 쓰이면서, 잘못이나 책임을 다른 사람에게 넘겨 씌우는 것을 나타낸다.

전가는 '구를 전'과 '시집갈 가'로 이뤄진 말이다. 책임을 떠넘기는 데 웬 '시집가다'란 뜻의 글자가 쓰였을까? 본래 전가는 여자가 두 번 결혼하는 것을 일컫다가, 지금처럼 '떠넘기다'란 뜻으로 변한 것이다.

'전(轉)'은 수레(車·차)바퀴가 오로지(專·전) 하는 것, 바로 구르는 것을 의미하는 글자다. 바퀴가 구르면 자연히 이동하게 되어 '옮기다'란 뜻도 갖게 되었다. 그래서 빙빙 도는 '회전(回轉)'에도 쓰이지만, 다니는 학교를 옮기는 '전학(轉學)'이나 일하는 곳을 옮기는 '전근(轉勤)', 그리고 화가 복으로 바뀐다는 '전화위복(轉禍爲福)'에서도 이 글자를 볼 수 있다.

'가(嫁)'는 여자(女·여)가 남자 집(家·가)으로 간다는 뜻을 담은 글자다. 처녀가 시집을 가는 '출가(出嫁)', 결혼했던 여자가 남편과 사별하거나 이혼하여 다시 결혼하는 '개가(改嫁)' 등에 쓰인다.

여기서 주의할 점. 남편이 죽고 홀로 남은 여자를 높여 부를 때 미망인(未亡人)이라 하는데, 이는 되도록 삼가야 한다. '망(亡)'은 '망할 망'이라 해서 '죽다'란 뜻도 있어, 미망인을 말 그대로 풀면 아직 따라 죽지 못한 사람이란 뜻이기 때문이다. 옛날엔 남편이 죽으면 아내도 따라 죽는 순장(殉葬)이란 풍습이 있었는데, 이런 저런 사유로 미처 따라 죽지 못할 경우를 일컬어 미망인이라 했다. 요즘으로선 생각할 수 없는 풍습이니, 남편을 잃고 슬픔에 젖은 아내를 미망인이라 부르는 것은 낱말의 유래에서 볼 때 모욕적인 호칭이다. 알고는 못 쓸 말이 미망인이다.

전철 前轍;

앞 전 / 바퀴 자국 철

이전 사람의 그릇된 일이나 행동의 자취

앞선 바퀴 자국을 따라가 보니

"눈길 뚫고 / 들판 길 걸어갈 때 / 어지러이 가지 못하네 / 오늘 아침 내 발자국 / 마침내 뒷사람 길이 될 테니."

조선 시대 영조 때 이양연이란 선비가 쓴 〈야설(野雪)〉이란 한시를 우리말로 옮긴 것이다. 백범 김구 선생이 애송했다고 한다. 이 시는 앞서 가는 사람이 혹시 잘못하면 뒷사람에게 나쁜 영향을 줄까 봐 조심스럽다는, 그래서 스스로 행실을 바르게 해야 한다는 경계심을 담고 있다.

후손이나 후배의 모범이 되고자 하는 이런 마음 씀씀이를 갖지 않으면 '전철(前轍)'을 남길 수 있다. 전철은 원래 앞서 지나간

수레바퀴 자국이란 뜻이다. '앞 전'과 '바퀴 자국 철'이 합쳐진 낱말이기 때문이다. 그런데 그 뜻이 이전 사람의 그릇된 일이나 행동의 자취를 일컫는 것으로 변했다.

생각해보자. 옛날엔 포장된 길이 드물었다. 흙길에 수레나 말 같이 무거운 것이 지나가면 자국이 날 수밖에 없다. 그런데 앞서 간 수레가 혹시 길을 잘못 들면 어떻게 될까? 나중에 가는 사람 또는 수레가 그 바퀴 자국을 따라가면 길을 잃거나 위험한 처지에 빠질 것은 분명하다. 처음 가는 길이거나 밤길, 눈 덮인 길이라면 말할 나위도 없다. 그래서 앞사람의 실패나 잘못을 되풀이

한다는 뜻의 "전철을 밟다"란 관용적 표현이 나왔다.

'전(前)'은 우두머리(首 · 수 → 䒑)가 몸(月 · 월)에 칼(刂 · 도)을 차고 선 자리, 즉 앞이란 의미를 담았다(옛날엔 지도자가 앞장섰던 모양이다). 그래서 앞면이란 뜻의 '전면(前面)', 앞으로 나아가는 '전진(前進)' 등에 쓰인다. 주의할 것은 "전방에서 경계 근무에 여념이 없는 국군 장병" 할 때 전방은 싸움이란 뜻의 전(戰)이 아닌 앞쪽이란 의미의 전(前)을 써서 '전방(前方)'이라 한다.

'철(轍)'은 자주 쓰이지 않으므로 '당랑거철(螳螂拒轍)'이란 사자성어만 기억해두면 되지 싶다. '당랑(螳螂)'은 사마귀를 말하고 '거(拒)'는 '막다', '거부하다'란 뜻이다. 사마귀가 수레바퀴를 막아 세울 수 있을까? 그래서 당랑거철은 제 분수를 모르고 강적에 맞서 싸우려 드는 무모함을 일컫는다. 《장자(莊子)》에 나오는 우화에서 유래한 말이다.

전형 銓衡;

저울질할 전 / 저울대 형

무게를 재듯 인재를 뽑으려 이것저것 따져보다

시험은 곧 실력 저울질

대학 입시 철이 되면 곧잘 나오는 비판이 있다. 다름 아니라 대학들이 갖은 편법으로 응시생을 늘림으로써 시험료 수입을 늘리려 한다는 지적이다. 시험을 실시하자면 문제를 만들고 인쇄해야 할 뿐만 아니라 시험 관리며 채점 등에 사람 손이 필요한 만큼 그 비용을 물리는 것은 당연하겠지만, 그 정도가 지나치면 안 될 일이다. 이때 수험생 개개인이 부담하는 시험료를 전형료라 한다.

그렇다면 시험을 왜 '전형(銓衡)'이라 하며, 전형은 무슨 뜻일까? 전형의 본뜻은 (무게를 재는) 저울이다. '저울질할 전'과 '저울대 형'으로 만들어진 낱말이기 때문이다.

'전(銓)'은 금(金)이 온전(全·전)한지 무게를 달아본다는 뜻을 담았다. '형(衡)'은 물고기(魚·어)처럼 움직이는(行·행) 모습을 형상화한 글자다. 옛날 저울은 막대와 쇠로 만든 추로 균형을 잡아 무게를 쟀는데, 이 추로 균형을 잡으려고 이리저리 움직이는 모습이 물고기가 헤엄치듯 보인다 해서 이런 글자가 만들어졌다.

저울을 뜻하는 전형이 시험이란 뜻으로 사용된 데는 까닭이 있다. 인재를 뽑으려면 요모조모 따져봐야 하는데, 이것이 무게를 재는 일과 같다 해서 시험을 뜻하게 되었다는 설명이다. 옛사람들은 눈에 보이지 않는 능력이나 인품 등을 재는 일이 눈에 보이는 길이나 부피보다 보이지 않는 무게를 재는 것과 비슷하다고 생각했던 모양이다.

이 정도 설명이면 '도량형(度量衡)'이란 말도 이해가 될 것이다. 길이나 부피, 무게를 재는 법을 뜻하는 이 말은 원래 양팔을 벌린 길이란 뜻에서 온 '자 도(度)', 용량을 재는 기구에서 온 '되 량(量)', 그리고 '저울대 형(衡)'이 합쳐진 낱말이다. "미터법은 전 세계 대부분 나라에서 쓰이는 도량형 단위다"란 식으로 쓴다.

이 전형과 소리가 같은 말이 모범이란 뜻의 '전형(典型)'이다. 이는 손으로 책을 받들고 있는 모양에서 '귀한 책' 곧 법이란 의미를 가진 '법 전(典)'과, 칼(刂·도)로 흙(土·토)에 새겨 만든 틀이란 뜻의 '거푸집 형(型)'이 만나 본보기 또는 모범이란 뜻을 나타낸다.

창피 猖披;

미쳐 날뛸 창 / 찢을 피

보여서는 안 될 속이 보여 부끄럽다

흐트러진 옷차림 때문에 체면이 깍이다

'챙피하다'라고들 한다. 이를테면 시험 점수가 엉망인데 선생님이 반 친구들 듣는 데서 점수를 이야기할 때 그렇다. 남몰래 혼자 좋아하는 이성 친구라도 있다면 얼굴이 붉어질 수밖에 없다. 반 대항 축구 시합에서 상대 팀 선수를 제쳐보려고 이리저리 속이려는 동작을 취하다가 제풀에 넘어지는 것 또한 '챙피한' 일이다.

이럴 때는 '창피(猖披)'가 맞는 말이다. 발음하기 편해서인지 '챙피'라고 하는 경우가 많은데 맞춤법엔 맞지 않는다. 체면이 깎이는 일이나 아니꼬운 일을 당해 부끄럽다는 뜻의 이 말은 뜻밖에도 옷과 관련되어 있다.

창피에는 원래 옷을 풀어헤치고 옷고름이나 띠를 매지 않은 모양을 뜻하는 '창피할 창(裮)'을 써야 맞는다. 그런데 '미쳐 날뛸 창(猖)'으로 대신 쓰게 되었다. 짐작건대 의식주라는 말에서 보듯 남에게 보이는 체면을 중시하는 한자 문화권에선 옷을 제대로 갖춰 입지 않으면 크게 부끄러운 일로 여겼던 데서 그렇게 된 듯하다.

이 글자는 원래 해(日·일)처럼 밝게 분명히 말하다(曰·왈)라는 뜻이 담긴 '빛날 창(昌)'을 기본 글자로 한다. 여기에 개(犭·견)를 뜻하는 부수가 붙으면서, 개가 눈에 불을 밝히며 날뛴다는 '미쳐 날뛸 창'이 되었다.

'피(披)'는 손에 칼을 들고 가죽을 벗기는 모양을 담은 '가죽 피(皮)'에 손(扌·수)을 뜻하는 부수가 붙으면서 '나눌 피', '찢을 피'란 글자가 되었다. 피(披)는 속마음을 털어놓는다는 '피력(披瀝)', 결혼이나 출생 따위의 기쁜 일을 널리 알리기 위해 베푸는 연회인 '피로연(披露宴)' 등에 쓰인다.

창(猖)과 피(披)라는 두 글자가 합쳐져, 띠를 매지 않아 미친 사람처럼 옷차림이 흐트러져 보여서는 안 될 속이 보인다는 뜻에서 부끄러움을 뜻하게 되었다.

이야기가 나온 김에 한 가지 덧붙이면, 피(披)와 음이 같은 글자 가운데 벗겨 간(行·행) 가죽(皮·피)이란 뜻에서 변한 '저 피(彼)'가 있다. 바로 "지피지기(知彼知己)면 백전백승"이라고 할 때 쓰이는 글자다. 적을 알고 나를 알면 백 번 싸워도 백 번 이긴다는 뜻인데, 실은 이게 잘못됐다. 《손자병법》 원문은 '백전백승'이 아니라 '백전불태(百戰不殆)'다. 백 번 싸워도 위태롭지 않다는 뜻이다.

체념 諦念;

진리 체 / 생각 념

진리를 생각하다 보니 단념하게 되다

잡생각을 끊다

"내겐 아직 열두 척의 배가 남아 있다. 체념하기엔 이르다." 여기서 '체념(諦念)'은 포기, 절망, 단념의 뜻으로 들린다. 실제 체념의 사전적 풀이를 국립국어연구원 표준국어대사전에서 찾아보면, "희망을 버리고 아주 단념함"이라고 되어 있다. 한데 그 두 번째 풀이로 "도리를 깨닫는 마음"이라 되어 있어 고개를 갸웃하게 만든다. 첫 번째 풀이와 너무 거리가 있어서 어찌 된 일인지 궁금하기 때문이다.

체념은 '진리 체'와 '생각할 념'이 만났으니, 말 그대로는 진리를 생각한다는 뜻이므로 사전의 두 번째 풀이가 원뜻임을 알 수 있다. 그런데 요즘 첫 번째 뜻으로 많이 쓰이게 된 데는 까닭이 있다.

체념은 원래 불교에서 온 말로, 스님들이 수행할 때 따라야 할 여덟 가지 올바른 길(八正道·팔정도) 가운데 하나를 일컫는다. 팔정도에는 정사유(正思惟)라 해서 바른 생각, 곧 번뇌에서 벗어난 생각, 노여움이 없는 생각, 남에게 해를 끼치지 않는 생각 등을 중히 여기는 덕목이 있다. 이를 달리 체념이라고도 했는데, 그러자니 생각할 것만 생각하고 다른 잡생각은 않는다는 뜻이 되어 생각을 끊는 단념(斷念)으로 확장되었다.

이제 글자 모양을 살펴보면, '체(諦)'는 임금(帝·제) 앞에서 하듯 말(言·언)을 살펴 하는 모양을 뜻해 '살필 체'라 하고, 살펴서 깨닫는다 해서 '진리 체'라고도 한다. 중요한 점을 뜻하는 '요체(要諦)'에서 이 글자를 만날 수 있다. 요체는 그리 자주는 아니지만 "글로벌 기업의 성장 요체는 창조적 파괴다"에서처럼 핵심이란 뜻으로 쓰이곤 한다.

'념(念)'은 지금(今·금) 마음(心·심)에 둔 것을 가리키는 글자다. 굳게 믿는 마음인 '신념(信念)', 오래도록 잊지 않고 마음에 간직하는 '기념(記念)', 여러 가지로 마음을 써서 걱정하는 '염려(念慮)' 등 여러 낱말에 두루 쓰인다.

초미 焦眉;

그을릴 초 / 눈썹 미

눈썹에 불이 붙은 듯 매우 다급하다

발등의 불보다 급하다

"초미의 관심사"란 표현을 종종 듣는다. 예컨대 "국가 대표 야구팀이 아시안게임에서 금메달을 딸지 여부가 프로야구 팬들의 초미의 관심사다"라고 한다. 그런데 최고 또는 최대를 의미하는 이 경우의 '초미'는 잘못 쓰였다. '초미(焦眉)'는 원래 눈썹에 불이 붙었다는 뜻으로, 매우 급함을 이르는 말이기 때문이다. 예를 들어 태풍에 홍수가 져서 강물이 둑을 넘어 마을을 덮칠 지경에 이른 경우, 교통사고를 당한 환자가 응급실에 실려 와 생명이 오락가락하는 경우에 쓰일 수 있는 표현이다.

'초(焦)'는 새(隹·추)의 깃이 불(灬·화) 위에 올라앉은 모습을 그

린 형태다. 깃털이 불에 닿으면 어떻게 될까? 활활 잘 탈 것이다. 그래서 '그을리다'란 뜻을 갖게 됐다. '미(眉)'는 눈(目·목) 위에 있는 이마 위 금을 표시한 글자다. 바로 눈썹이다.

그래서 '그을릴 초'와 '눈썹 미'가 합쳐진 초미는 눈썹에 불이 붙은 모양을 가리킨다. 눈썹에 불이 붙으면 어떻게 될까? 당연히 당황하고 급해진다. "발등에 불이 떨어진다"는 관용구가 있지만, 발등에 떨어진 불과 눈썹에 붙은 불은 비교할 수 없다. 발이야 신발도 신었고 좀 데면 불편하긴 해도 견딜 만할 테지만, 눈썹은 다르다. 얼굴에 흉이 생길 수도 있거니와, 당장 눈썹이 없는 모습을 상상해보라. 실제 눈썹이 없는 얼굴 사진은 인상이 영 달라진 우스꽝스런 모습이다. 그러므로 초미는 발등에 떨어진 불보다 더 급한 사태를 가리킨다. 눈썹에 불이 붙어 급하다는 초미지급(焦眉之急)의 줄임말이라고 보면 된다.

'눈썹 미'가 들어간 관용적 표현으로 또 자주 쓰이는 말에 '백미(白眉)'가 있다. '백(白)'은 쌀알을 본떴다거나 해를 나타낸다 등의 여러 설명이 있지만 어쨌든 '희다'란 뜻이다. 여기서 백미는 흰 쌀이 아니라, 문자 그대로는 '흰 눈썹'이란 뜻이다. 그러나 보통은 무리에서 가장 뛰어난 인물이나 물건을 가리킬 때 쓰인다. "그 영화의 백미는 주인공이 부모의 복수를 하는 장면"이라거나 "프로 골퍼 중 백미는 홍길동"이라는 식이다.

흰 눈썹이 최고를 뜻하게 된 데는 사연이 있다. 소설 《삼국지》에 나오는 촉한의 장수 마량은 다섯 형제 가운데 재주와 덕이 가장 뛰어났는데, 그 마량에게 흰 눈썹이 있었다는 데서 '백미'가 최고를 가리키는 말로 변했다. 참고로 마량은 '읍참마속(泣斬馬謖)'에 나오는 마속의 형이다. 읍참마속은 큰 목적을 위해 아끼는 사람을 버리는 것을 일컫는데, 제갈공명이 재주를 아꼈지만 군령을 어긴 마속을 울면서 처형했다는 데서 유래한다.

폭로 暴露;

드러낼 폭 / 이슬 로

감춰져 있던 비밀을 파헤쳐 드러내 놓다

이슬이 햇빛에 드러나면

감춰져 있던 사실을 드러낸다는 폭로는 뭔가 엄청난 일이 까발려질 것 같은 분위기를 풍긴다. 폭발, 폭력 같은 말이 떠오르기 때문이다. 실제로 "길동이가 입은 명품 옷이 실은 짝퉁이래" 정도는 폭로라 하지 않는다. "학생회장이 정식으로 시험에 합격해 입학한 것이 아니라 아버지가 돈을 써서 들어온 거래" 정도는 되어야 폭로라 할 만하다.

그런데 이 심상찮은 냄새를 풍기는 '폭로(暴露)'가 뜻밖에도 얌전한 글자들로 이뤄져 있다. '드러낼 폭'과 '이슬 로'가 만났다. 먼저 '로(露)'는 비(雨·우)가 온 듯 길(路·로)에 드러나 있는 것, 곧 이슬을 가리킨다. 밤낮의 기온차로 공기 중 수증기가 풀잎 등에 맺힌 물방울인 이슬은 그 과학적 이치와 상관없이 햇빛을 받으면 사라지는 '애달픈' 속성 때문에 시인들이 즐겨 노래하는 대상이 되었다. "수많은 젊은 생명들이 전장의 이슬로 사라졌다"는 식으로 쓰이기도 한다. 겉으로 드러나는 '노출(露出)', 마음에 있는 것을 드러내 말하는 '토로(吐露)'에서 볼 수 있다.

'폭(暴)' 역시 원뜻은 얌전하다. 해(日·일)와 두 손(廾·공), 쌀(米·미)로 구성된 모습이어서 날이 활짝 개자 농부가 쌀을 펴내어 햇빛에 말리는 모습을 형상화한 문자다. 이것이 '드러내다'란 뜻에 더해 '갑작스럽다', '사납다'란 뜻을 갖게 된 것이다. 그렇게 해서 행동이 거칠고 사납다는 '난폭(亂暴)', 몹시 세찬 바람을 동반하는 큰비인 '폭풍우(暴風雨)', 남을 거칠고 사납게 제압할 때 쓰는 '폭력(暴力)' 등에 쓰인다.

여기서 주의할 점이 있는데, 폭발에는 두 종류가 있다는 사실이다. 쌓였던 감정 등이 갑자기 터져 나오는 경우는 '폭발(暴發)'이지만, 불이 일어나며 갑작스레 터지는 것은 '폭발(爆發)'이다. 폭탄을 터뜨려 생기는 폭발은 후자로 써야 맞는다. 이는 많은 한자들이 그렇지만 조그만 변화가 다른 뜻을 가져오는 경우로, 불(火·화)을 '드러낼 폭(暴)' 옆에 붙여 불꽃과 관련 있음을 나타냈다. 그런데 갑자기 세차게 터져 나오는 웃음을 일컫는 폭소에도

'폭(爆)'을 쓰니, 알다가도 모를 노릇이다.

그렇다면 폭포는 어떻게 쓸까? 불꽃과는 관련이 없으니…….
혹시 짐작했는지 몰라도, 물(氵·수)이 사납게(暴·폭) 떨어지는 것이니 '폭포(瀑布)'라 쓴다. 포(布)는 '베 포'인데, 폭포 물이 떨어지는 것이 마치 천을 드리운 것 같다 해서 쓰였다.

잘못 읽기 쉬운 한자

기자 생활을 처음 시작할 때는 신문에서 한자를 겸용했다. 하지만 앞서 이야기한 대로, 한자 교육을 제대로 못 받은 세대는 사람 이름이나 지명을 한자로 쓰기가 만만치 않았다. 이런 사정은 선배들이라 해도 별로 나을 것이 없었기에 전화로 기사를 부르고 받노라면 별별 해프닝이 다 벌어지곤 했다. 특히 요즘처럼 기사를 온라인으로 주고받는 것이 아니라, 현장의 기자가 기사를 써서 부르면 편집국에 근무하는 막내가 받아 적어야 했다. 그래서 '한자 고민'은 편집국 차원의 문제였다.

그러다 보니 한자를 부르고 받을 때 기자들만의 소통 방법이 이용되었다. 그중 하나가 '탱크 설'이다. 한자 훈(訓)에 웬 외래어? 사람의 성씨 중 하나인 설(卨)이 탱크와 비슷한 모양이라 이렇게 불렀다. 본래 '사람 이름 설'이라고 해야 할 것을 서로 알기 쉽게 이렇게 부르고 받아 적은 것이다. 또 하나, '오징어 윤'이란 자도 기억난다. 이것은 '진실로 윤(允)'이라 해서 인명에 종종 쓰이는 한자인데, 역시 그 모양을 본떠 오징어 윤이라 했다. 고백하자면 '진실로 윤'이란 사실은 아주 훗날 우연히 알게 되었고, 당시엔 기사를 부르는 기자나 받아 적는 기자 모두 원래 뜻은 몰랐다.

모양이 아니면 많이 아는 말로 커뮤니케이션을 했다. 예컨대 '잡을 병(秉)'은 '이병철 병' 하는 식이다.

어쨌거나 한자는 모양을 흉내 낸 표의문자이다 보니 서로 비슷한 글자가 많다. 아차 하면 잘못 읽기 쉽다. 그래서 흔히 틀리게 읽는 한자들을 꼽아봤다.

감안(勘案)–심안 / 각출(醵出)–거출 / 교란(攪亂)–각란 / 교사(教唆)–교준

/ 나약(懦弱)–유약 / 나포(拿捕)–함포 / 내홍(內訌)–내공 / 눌언(訥言)–납언 / 답지(遝至)–솔지 / 대치(對峙)–대지 / 도서(島嶼)–도여 / 도야(陶冶)–도치 / 매도(罵倒)–마도 / 매진(邁進)–만진 / 명석(明晳)–명철 / 미흡(未洽)–미합 / 박멸(撲滅)–복멸 / 박탈(剝奪)–녹탈 / 불후(不朽)–불구 / 부연(敷衍)–부행 / 사주(使嗾)–사족 / 살포(撒布)–산포 / 상쇄(相殺)–상살 / 시기(猜忌)–청기 / 알선(斡旋)–간선 / 알현(謁見)–알견 / 오열(嗚咽)–명인 / 이완(弛緩)–지완 / 잠언(箴言)–함언 / 저간(這間)–언간 / 조예(造詣)–조지 / 집요(執拗)–집유 / 창달(暢達)–양달 / 체념(諦念)–제념 / 충심(衷心)–애심 / 치열(熾烈)–직열 / 터득(攄得)–여득 / 통찰(洞察)–동찰 / 파탄(破綻)–파정 / 풍미(風靡)–풍비 / 함구(緘口)–감구 / 해로(偕老)–개로 / 효시(嚆矢)–고시 / 힐난(詰難)–길난

이 단어들을 제대로 읽어낼 수 있는 이들은 많지 않을 것이다. 사실 이런 한자어를 온전히 한자로만 만나는 경우는 요즘 꽤나 드물어졌다. 쓸 일은 더더욱 없으니 쓰는 것은 둘째 치고 제대로 읽는 것만도 기꺼운 일이다.

보면 알겠지만 이런 한자어를 잘못 읽는 경우는 대체로 비슷한 모양에서 파생한 한자는 같은 음을 가진다는 점에 착안해 넘겨짚다가 저지르는 실수일 때가 많다. 왜 있잖은가. 조예(造詣)를 조지라고 읽는다든가, 교란(攪亂)을 각란, 매진(邁進)을 만진, 창달(暢達)을 양달이라고 말장난을 해본 경험들이 있을 것이다.

우스개로만 넘길 게 아니라, 제대로 뜻을 익힌 뒤 읽고 사용한다면 이야기는 매끄러워지고 생각은 깊어질 것이다.

찬양이나 환영의 뜻을 나타내는 외침이나 박수 따위를 뜻하는 '갈채(喝采)'가
주사위 놀이에서 나왔으니 묘한 인연이다. 중국 수나라와 당나라 때
주사위를 가지고 하는 '쌍륙'이라는 놀이가 성행했는데, 이때 주사위를 던지면서
자기가 바라는 색깔이 나오기를 빌며 외치던 것이 바로 갈채다.
즉 '외칠 갈'과 '색 채'가 만난 낱말인데, 이것이 변해 '박수갈채'에서 보듯
찬미의 뜻을 갖게 되었다.

한자어를 알면 역사가 바로 보인다

3

'한자(漢字)'에는 중국을 포함한 수많은 나라의 역사가 담겨 있다.
과거 인류의 교류가 어떻게 글자에 표현되어 왔는지 살펴보자.
중국과 조선의 과거제에서 아테네의 도편추방제, 뉴질랜드의 여성 투표권,
이집트의 피라미드까지 아우르는 한자어 이야기.

갈채 喝采;

외칠 갈 / 색 채

찬양·환영의 뜻을 나타내는 외침이나 박수

주사위 놀이에서 비롯되다

주사위는 오래전부터 인류가 사용해온 놀이 도구다. 뼈나 단단한 나무로 만든 정육면체에 하나에서 여섯 개까지 점을 새겨 승부를 가리고 점을 치기도 했다. 그런데 역사상 가장 유명한 주사위는 무엇이었을까? 답하기 쉽지 않다. 아마 고대 로마의 장군 카이사르가 언급한 주사위가 그 주인공이지 싶다.

기원전 49년, 지금의 프랑스에서 정복 전쟁을 벌이던 카이사르는 군대를 이끌고 급히 로마로 돌아가고 있었다. 원로원과 손잡고 자신을 타도하려는 라이벌 폼페이우스를 제압하기 위해서였다. 그는 이탈리아 북부에서 루비콘 강을 만나는데, 당시 로마

법은 무기를 가지고 이 강을 건너는 이는 반역자로 간주했다. 권력을 잡으려면 강을 건너야 하지만 자칫하다간 반역자로 몰릴 수도 있는 상황. 망설이던 카이사르는 결국 루비콘 강을 건너 로마로 진군해 폼페이우스를 내쫓고 권력을 거머쥔다. 여기서 "돌아올 수 없는 (루비콘) 강을 건너다"란 표현이 나왔다.

이때 카이사르는 강을 건너면서 "The die is cast!"라는 명언을 남겼다. 주사위는 던져졌다는 뜻이다. 이 표현은 이미 일이 벌어져 되돌릴 수 없는 지경에 이르렀으니 가던 대로 가고 그 결과에 승복하겠다는 의미다. 여기서 나온 주사위는 세계사적 주사위다.

그런데 찬양이나 환영의 뜻을 나타내는 외침이나 박수 따위를 뜻하는 '갈채(喝采)'가 주사위 놀이에서 나왔으니 묘한 인연이다. 중국 수나라와 당나라 때 주사위를 가지고 하는 '쌍륙'이라는 놀이가 성행했는데, 이때 주사위를 던지면서 자기가 바라는 색깔이 나오기를 빌며 외치던 것이 바로 갈채다. 즉 '외칠 갈'과 '색 채'가 만난 낱말인데, 이것이 변해 '박수갈채'에서 보듯 찬미의 뜻을 갖게 되었다.

'채(采)'는 손톱(爫·조)으로 나무(木·목)를 캐는 모양으로 보통은 '캘 채' 또는 '고를 채'라고 하지만, 식물을 채취해 물을 들이다란 의미를 담아 색이란 뜻도 갖게 되었다. 실제 옥편을 찾아보면 빛깔, 무늬란 뜻과 함께 주사위란 뜻도 있다. 여기에 손(扌·수)을 뜻하는 부수가 붙으면 '가릴 채(採)', '캘 채(採)'란 뜻이 분명해져 사람을 골라서 쓰는 '채용(採用)' 등에 쓰인다. 또 '풀 초(艹)' 머리를 얹으면 풀에서 골라 캐는(采·채) 나물, 즉 '채소(菜蔬)'에 쓰이는 글자가 된다.

경영 經營;

다스릴 경 / 경영할 경

목표를 정하고 계획을 세워
국가·기업·사업 따위를 운영하다

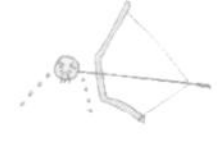

짓고 만들어 구체적으로 다스리다

기업이나 사업 따위를 관리하고 운영한다는 뜻으로 흔히 들을 수 있는 말이다. 기업 경영은 물론이고 국가, 학교, 동아리, 심지어 가족 경영에도 쓰인다. 이 말은 시장경제가 발달하지 않은 동양에서는 뒤늦게 만들어진 듯싶지만 그렇지 않다.

경영(經營)은 약 3천 년 전 고대 중국의 주나라와 춘추시대의 민요를 공자가 정리했다고 전해지는 『시경(詩經)』에 실린 '경지영지(經之營之)'에서 나온 말인데, 짓고 만든다는 뜻이다. '경(經)'은 거시적인 국가 목표를 가리키는 글자고, 불(火·화)과 불(火·화)에 덮인 듯 열성으로 음률(呂·여)을 다스린다는 '영(營)'은 구체적으로 다스린다는 뜻을 가졌다. 이익을 도모한다는 '영리(營利)', 영리를 목적으로 하는 사업이나 그런 행위를 가리키는 '영업(營業)'에 이 글자가 쓰인다.

이렇게 경영은 온갖 분야에서 거의 만능으로 쓸 수 있는 말이지만, 학문적으로는 제대로 인정을 받지 못하는 면이 있다. 대표적으로 독일 철학자 칼 야스퍼스는 경영학을 '빵을 위한 학문(Brotessenwissenschaft)'의 하나로 꼽았다. 독일어로 'brot'는 빵, 'essen'은 먹다, 'wissenschaft'는 학문이란 뜻이다. 이런 낱말이 합쳐진 말로, 문자 그대로 빵을 먹기 위한 학문, 그러니까 실용적 학문이란 뜻을 약간은 경멸적으로 일컬은 듯하다.

이러한 실용적 학문으로는 경영학 말고도 행정학과 언론학 등을 꼽을 수 있는데, 모두 20세기 전후에 '학문'으로 정립되어 대학에서 가르치기 시작한, 비교적 신생 학문이라는 공통점이 있다. 12세기 중세 이탈리아에서 최초의 대학이 등장했을 때는 지금처럼 다양한 학과가 있었던 게 아니며 철학이나 정치학, 법학 등 일곱 개 학문을 가르쳤다. 이런 유서 깊은 학문을 연구하는 관점에서는 경영학 같은 신생 학문을 전통적 의미의 학문으로 간주하지 않았던 것이다.

이 같은 경향은 표기에서도 엿보이는데, 학문을 뜻하는 영어 단어에는 대체로 '~ology'란 접미사가 붙는 데 비해 경영학은

‘business administration’, 행정학은 ‘public administration’ 이라고 한다. 참고로 꿈의 직장에 들어갈 수 있는 지름길로 여겨져 인기를 모으고 있는 MBA는 ‘master of business administration’의 머리글자를 모은 단어로, 우리말로 하자면 ‘경영학 석사’다.

관계 關係;

빗장 관 / 이어맬 계

둘 이상의 것이 연결되다, 관련이 있다

서로를 이어주는 친분이나 인연

중국에서 사업을 하는 데는 '콴시'가 중요하다고들 한다. 법과 원칙으로 안 되는 일도 같은 고향, 같은 학교 출신이거나 친분을 맺은 사람이라면 편의를 봐주는 일이 잦다 보니 나온 이야기다. 그래서 중국에서는 콴시를 통하면 안 되는 일이 없고, 콴시가 없다면 될 일도 안 된다는 말이 나돈다. 이 콴시가 바로 '관계(關係)'다.

'관(關)'은 본래 문(門)의 이쪽저쪽을 이어주는 빗장을 형상화한 글자다. 빗장은 요즘에야 보기 드물지만, 예전에 문짝을 가로질러 걸쳐 있으면서 여닫는 역할을 하던 막대기를 이르는 말이다. 중국 고대에는 북방 민족의 침입을 막으려고 중요한 길목에 요새를 세웠는데, 이를 관이라 했다. 만리장성 동쪽 끝 허베이 성에 있는 산하이관(山海關)이 유명한데, 유네스코 지정 세계문화유산이기도 하다.

삼국지에도 관이 나온다. 바로 오관참장(五關斬將)이다. 조조의 휘하에 있던 관운장이 유비가 살아 있다는 소식을 듣고는, 유비의 가족을 데리고 돌아가는 길에 다섯 개 관문을 지나며 여섯 장수를 베었다는 무용담에서 나온 말이다. 이는 겹겹이 둘러싸인 난관을 돌파하는 용기를 일컫는 고사성어가 되었다.

어쨌거나 관을 세우면 관과 관을 서로 연결하는 성을 쌓았는데, 이를 관계라 했다. '계(係)'는 사람(亻·인)들이 서로 이어진다(系·계)는 뜻으로 '이어맬 계', '관계될 계'라 한다. 이처럼 당초 요새들을 서로 연결해 나라를 방어하는 수단을 가리키던 말이 사람과 사람 사이를 연결해주는 친분이나 인연, 또는 사물과 사물이 연관됨을 나타내는 뜻으로 변했다.

예를 들어 인간관계가 좋다거나 대인 관계가 좋다는 말은 처세술에 뛰어나다는 뜻으로 쓰인다. 또 "흡연과 폐암 발생은 상관관계가 있다"는 식으로도 쓰인다. 이는 '빗장 관(關)'이 건축 또는 국방 용어에서 일상 언어로 변하면서 새롭게 '연결'이란 뜻을 품게 된 경우다. 물론 본래 뜻 그대로 쓰이는 경우도 있는데, '자물

쇠 건(鍵)'과 합쳐진 '관건(關鍵)'이다. 문빗장과 자물쇠를 아울러 일컫는 이 말은 이제 주로 어떤 사물이나 문제 해결의 가장 중요한 부분을 가리키는 데 쓰인다. "이번 진실 공방의 관건은 증거 확보 여부다"라는 식이다.

괄목 刮目;

비빌 괄 / 눈 목

전에 비하여 놀랄 만큼 성장해 있다

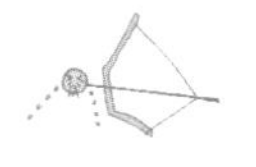

눈을 비비고 다시 보니

《삼국지》에 나오는 이야기다. 조조 및 유비와 함께 천하를 다투던 오나라 손권에게는 여몽이란 장수가 있었다. 여몽은 용맹하고 싸움을 잘했지만 병법은 잘 몰라서 전략을 세우는 데 약했다. 손권이 그에게 책 좀 읽으라고 당부했을 정도다. 얼마 후 손권의 참모 노숙이 여몽을 만났는데, 그가 아주 딴 사람이 되어 있었다. 학문과 식견이 눈에 띄게 높아진 것을 보고 노숙이 어찌 된 일인지 물었다. 그러자 여몽이 그랬단다. "사별삼일(士別三日)이면 괄목상대(刮目相對)라 하지 않습니까"라고.

이는 "선비는 헤어진 지 사흘이 지나 보면 (학식이 크게 늘어)

눈을 비비고 봐야 한다"는 뜻으로, 여기서 '괄목상대' 또는 '괄목(刮目)'이란 말이 나왔다. '괄(刮)'은 혀(舌·설)가 입 안을 휘젓듯 칼(刂·도)로 긁는 모양을 나타내는 글자로 '깎을 괄', '비빌 괄'이라 한다. '목(目)'은 눈을 뜻하니, 괄목은 곧 눈을 비빈다는 뜻이다. 본래 눈을 비비고 다시 본다는 뜻까지 표현하자면 괄목상대라 해야 하지만, 주로 줄여서 괄목이라고 한다. "올해 상반기에 괄목할 만한 성장을 이뤘다"처럼, 좋은 뜻으로 눈에 띄는 경우에 쓰이는 말이다.

우리말로는 같은 '괄'로 읽히지만 모양과 뜻이 다르고 잘 쓰이지 않는 한자가 있다. '걱정 없을 괄(恝)'인데, '괄시(恝視)'에서 볼 수 있다. 여기서 '괄'은 마음에 걱정이 없는 모양을 그렸고, '시(視)'는 보이는(示·시) 것을 본다(見·견)는 뜻으로 '볼 시'라 한다. 괄시는 글자 그대로 해석할 때 근심 없이 바라본다는 뜻이므로, 우리가 흔히 업신여긴다는 뜻으로 쓰는 것과는 조금 차이가 있다. 상대방을 염려하는 마음 없이 무관심하게 대하거나 소홀히 여긴다는 뜻에서 한 걸음 더 나아가, 아예 가볍게 낮춰 보고 무시한다는 뜻이 되었다고 설명할 수 있다.

이해가 가긴 한다. 사람 사이의 관계에서 버림받은 사람보다 잊힌 사람이 더 비참하다는 말도 있지 않은가. 상대의 존재를 아예 없는 것으로 치는 '무시(無視)'가 실은 더 큰 모욕이고 아픔이 되는 경우가 많으니 말이다. 바로 보긴 보되 무관심하게 낮춰 보는 것이 괄시다.

금자탑 金字塔;

쇠 금 / 글자 자 / 탑 탑

후세에 남을 만한 눈부신 성취

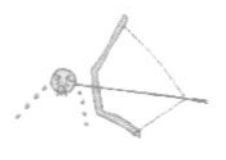

무덤 같은 업적을 세우다

길이 후세에 남을 뛰어난 업적을 비유적으로 이르는 말이다. 예를 들면 "프로야구 넥센 히어로즈 팀의 박병호 선수가 3년 연속 홈런왕이란 금자탑을 세웠다"라고 말한다. 하지만 "일주일 내내 지각이란 금자탑을 세웠다"처럼 부정적인 일에 대해서는 쓰지 않는다.

그렇다면 '금자탑(金字塔)'은 무슨 뜻일까? 먼저 듣기와 달리 이 탑은 금과 전혀 관련이 없다. '금자(金字)' 모양의 탑이란 뜻일 따름이다. 그러니까 밑이 넓고 올라갈수록 좁아지는 형태다. 대부분 탑이 이렇게 생겼으니 별날 것도 없지만, 사실 금자탑은 탑도 아니다. 무덤이다. 이집트의 고대 유물인 피라미드를 뜻하기 때문이다.

고대 이집트 왕국에서 왕의 무덤으로 만들어진 피라미드는 그 크기로 보는 사람을 압도한다. 그중 나일 강 연안의 유명한 기자 지구에 있는 쿠푸 왕의 피라미드는 밑변 사각형의 평균 길이가 230미터로 축구장의 세 배가 넘는다. 원래 높이도 147미터로, 평균 무게 2.5톤의 돌 230만 개를 쌓아올려 만들었다. 고대 그리스 역사가 헤로도토스에 따르면, 대(大)피라미드를 짓는 데 20년 동안 성인 남자 10만 명이 투입되었다고 한다. 단일 건축물로는 아직까지 최대 규모로 꼽히니, 피라미드가 그 건축 방법 등과 관련해 세계 7대 불가사의의 하나로 꼽히는 것은 당연하다.

하지만 좋은 뜻의 놀랍다는 비유의 말로 쓰는 금자탑의 용법에 대해 반론도 만만치 않다. 기원전 5세기 그리스의 세모꼴 빵 '피라미스(pyramis)'에서 따온 피라미드는 우리로 치면 왕릉이니, 눈부신 성취를 상징하기에 어울리지 않는다는 것이다. 서양에서도 피라미드를 좋은 비유로 쓰는 경우가 드물다고 한다. 이를테면 사회적으로 문제를 일으키는 '다단계 판매'를 한때 피라미드 판매라고 표현했는데, 위로 올라갈수록 한 사람으로 모이는 판매 조직도에서 비롯된 명칭이다.

한편 탑(塔)은 흙(土·토)에 풀(艹·초)을 합(合)해 쌓는다는 뜻으로, 예전엔 탑을 쌓을 때 더 견고하도록 풀을 섞어 반죽한 흙을 사용한 데서 비롯됐다. '탈 탑(搭)'과 혼동하지 않도록 조심해야 한다. 이는 딱딱한 곳에 손(扌·수)으로 부드러운 풀(艹·초)을 모아(合·합) 깔아놓고 올라탄 데서 유래한 글자로, 탈것에 올라타는 '탑승(搭乘)' 등에 쓰인다.

낙서 落書;

떨어질 낙 / 글 서

의미를 담은 글이나 그림을 끄적이다

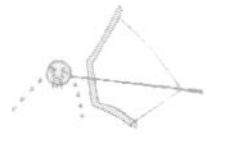

저항 수단이 예술로

벽이나 책상 등에 글자와 그림 따위를 장난으로 함부로 쓰는 것을 '낙서(落書)'라 한다. '떨어질 락(落)'과 '글 서(書)'가 합쳐진 말이다. 벽이나 종이 위에 쓰는 것을 '떨어지다'로 표현한 데는 역사적 유래가 있다.

도쿠가와 막부가 천황을 대리해 일본을 다스리던 때를 에도 시대라 한다. 이때 힘없는 백성들이 불만을 적은 쪽지를 슬쩍 길거리에 떨어뜨리면 다른 사람들이 주워 읽고 전파하는 식으로 '여론'이 형성되었는데, 이를 '오토미부시(落文·낙문)'라 했다. 그러니까 낙서는 당초 장난으로 끄적거린 글이 아니라, 요즘으로 치면 '대자보' 같은 의식 있는 주장을 담은 저항 수단이었던 셈이다.

'낙(落)'은 풀(艹·초)에 맺힌 물(氵·수)방울이 각각(各·각) 떨어지는 모양을 그린 것으로, '낙엽(落葉)'이나 '낙제(落第)' 또는 '탈락(脫落)' 등에 쓰인다. '서(書)'는 붓(聿·율)으로 말하듯(曰·왈) 한다 해서 '쓸 서'라 하며, 써놓은 글이라 해서 '글 서'나 '책 서'로도 쓰인다. 회의나 재판 기록을 맡은 '서기(書記)', 좋은 책을 뜻하는 '양서(良書)'가 그런 예다.

저항 수단으로 시작되었던 낙서는 쓸모없는 장난 짓거리로 여겨져 금지 대상이었다가, 이제는 '거리의 예술'로 대접을 받기도 한다. 건물 벽이나 지하철 전동차 등에 낙서처럼 긁거나 페인트를 분무기로 뿌려 문자나 그림을 그리는 그래피티(graffiti)가 그것이다. '긁다, 긁어서 새기다'라는 뜻의 이탈리아어 'graffito'에서 유래된 그래피티는 1970년대 미국 뉴욕의 브롱크스 거리에 낙서화가 넘쳐나면서 본격화되었다. 처음에는 흑인이나 푸에르토리코인 등 소수 민족 청소년들이 불만을 표출하는 수단으로 즉흥적이고 기발한 극채색 그림을 마구 그려 도시의 골칫거리였다. 그러던 것이 장 미셸 바스키아 등의 노력으로 현대미술로 인정받기 시작해, 1980년 타임스 스퀘어 쇼를 계기로 현대미술의 한 장르로 공인되었다.

한편 이 낙서와 혼동하지 말아야 할 것이 도서관(圖書館)이란 말의 기원이 된 '하도낙서(河圖洛書)'다. 이때 낙서(洛書)는 고대 중국의 하나라 우임금이 홍수를 다스리다 낙수(洛水)에서 발견한 거북 등에 새겨진 점을 가리키는 말로, 이 낙서는 《주역》 등 중국 수리학의 기본이 되었다 한다.

난상 爛商;

무르익을 난 / 헤아릴 상

충분히 헤아려 의견을 나누다

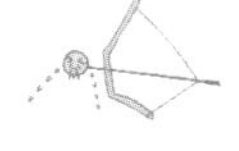

의논이 무르익다

장사하는 사람을 일컬어 상인(商人)이라 한다. 그런데 상인이란 원래 상(商)나라 사람이란 뜻이며, 상나라 사람이 장사하는 사람을 뜻하게 된 데는 서글픈 역사가 숨어 있다.

상나라는 기원전 17세기에서 기원전 11세기까지 중국 화북 지방에 있던 나라다. 중국 고대 왕조는 차례로 하(夏) · 상(商) · 주(周)를 꼽는데, 하나라는 아직까지 고고학적으로 확인되지 않아 상나라를 중국 최초의 왕조로 여긴다. 상나라를 멸망시킨 주나라 사람들은 상나라 사람들을 상인(商人)이라고 낮춰 불렀고, 상나라 사람들이 생계를 위해 각지를 돌며 물건을 팔았던 데서 상인이 장사하는 사람을 뜻하게 되었다고 한다.

그런데 장사를 하려면 셈을 하지 않을 수 없으므로 여기서 '헤아리다'란 뜻이 나왔다. '상(商)'이 물건을 파는 '상점(商店)', 어떤 목적에 부합되는 결정을 내리려고 여럿이 서로 의논하는 '협상(協商)'에 쓰이는 까닭이다. 이 글자가 제대로 쓰인 낱말이 '난상(爛商)'이다. "난상 토론을 한다"는 식으로 쓰이는데, '무르익을 란'과 '헤아릴 상'이 만나 충분히 의논하는 것을 뜻한다. '난(爛)'은 문(門·문)을 가려(柬·간) 막고 불(火·화)을 피워놓으니 분위기가 무르익는다 해서 '무르익을 란' 또는 '빛날 란'이라 한다. 빛깔이나 모양 따위가 매우 화려하고 아름답다는 '찬란(燦爛)', 익숙하고 솜씨가 있다는 '능란(能爛)'에 쓰이는 글자다.

'무르익을 란(爛)'과 혼동되지 않도록 주의해야 하는 글자가 '난초 란(蘭)'이다. 알다시피 난초는 귀한 화초인데, 글자 자체가 문(門) 안에 가려(柬·간) 키우는 풀(艹·초)이란 뜻인 것을 보면 예로부터 그런 대접을 받은 모양이다. 그런데 이 글자가 들어간 '난학(蘭學)'이 동양사에서 큰 차이를 빚었다. 한때 동북아를 침략했던 일본의 근대화 뿌리를 17세기 난학으로 보기 때문이다.

임진왜란 때 왜병이 포르투갈에서 전래된 조총을 사용한 데서 보듯, 일본은 당초 포르투갈을 통해 선진 문물을 접했다. 그러나 선교 문제로 갈등이 빚어지자 일본은 쇄국정책으로 돌아섰고,

그때 포교에 힘쓰지 않던 신교도 국가 네덜란드가 창구 구실을 했다. 네덜란드는 음을 빌려 한자어로 화란(和蘭)이라고 표기했으니, 해부학과 병학(兵學) 등 네덜란드에서 들여온 신학문을 통틀어 난학(蘭學)이라 했다. 바로 그 난학 연구자들이 일본 근대화의 초석을 놓았다고 본다.

만두 饅頭;

만두 만 / 머리 두

사람 머리로 속여 제사에 올렸던 음식

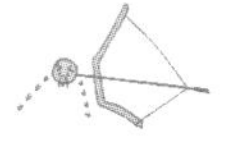

제갈공명의 지략에서 나온 음식

만두는 우리나라 사람들이 좋아하는 음식 가운데 하나다. 밀가루 등을 반죽해 소를 넣어 빚는데, 소의 종류에 따라 고기만두, 김치만두, 감자만두 등 종류가 많다. 또 만둣국, 찐만두, 군만두 등 그 조리 방법도 다양하다.

만두는 중국에서 온 음식으로, 그 유래에는 뛰어난 지략으로 유명한 제갈공명이 등장한다. 삼국시대 공명이 남만을 정벌하고 돌아오는 길에 심한 풍랑을 만나 강을 건널 수 없는 지경에 이르렀다. 주위에서 남만의 풍습에 따라 사람의 머리 아흔아홉 개를 물의 신에게 바쳐야 한다고 했지만, 공명은 따르지 않았다.

대신 밀가루로 사람 머리 모양의 음식을 빚어 제사를 지내게 하자 풍랑이 잦아들었다고 한다. 중국 송나라 때 나온 이야기인데, 원래 '속일 만(瞞)'을 써야 하지만 소리가 같은 '만두 만(饅)'을 쓰게 되었다는 설명이다.

그런데 이 '만(饅)' 자가 재미있다. 우선 말(曰·왈)이 그물(罒·망)처럼 또(又·우) 넓게 퍼진다는 뜻을 가진 '길 만(曼)', '넓을 만'을 기본으로 한다. 여기 음식(食·식)을 넓게 펴서 만드는 것이 만두(饅·만)가 되고, 마음(忄·심)이 넓게 늘어져 있으면 '게으를 만(慢)', '오만할 만'이 된다. '만(慢)'은 열심히 하려는 마음이 없고 게으르다는 뜻의 '태만(怠慢)'과, 태도나 행동이 건방지거나 거만함을 가리키는 '오만(傲慢)'에 쓰이는 한자다. 또 물(氵·수)과 합쳐져 물이 넓게 퍼진다는 '흩어질 만(漫)'이 되어, 어수선하여 질서나 통일성이 없음을 뜻하는 '산만(散漫)'이나, 실현성이 적고 매우 정서적이며 이상적으로 사물을 파악하는 심리나 그 심리로 인한 감미로운 분위기라는 뜻의 '낭만(浪漫)'에 들어간다.

그렇다면 영어로는 만두를 뭐라 할까? 'dumpling' 또는 찐빵이란 뜻의 'a steamed bun'이라고도 한다. 여기서 번(bun)은 동그랗고 작은 빵을 뜻하는데, 영어 숙어 'have a bun in the oven'는 임신하다란 뜻의 숙어로 쓰인단다. 임부의 둥근 배를 두고 나온 표현인 것 같다.

백안시 白眼視;

흰 백 / 눈 안 / 볼 시

눈에 띄는 대상이 마음에 들지 않아 흘겨보다

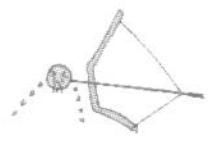

흰자위를 크게 뜨고 희번덕거리다

눈을 마음의 창이라고 한다. 눈길 한 번 주는 것만으로, 또는 어떻게 바라보느냐 등에 따라 사람의 마음이 드러나기 때문이다. 요즘에야 "호수같이 맑은 그대 눈에 빠져들고 싶어"라는 식으로 간지러운 말을 하는 연인은 없겠지만 말이다.

'백안시(白眼視)하다'란 표현이 있다. '흰 백(白)', '눈 안(眼)', '볼 시(視)'로 구성된 낱말이다. 무슨 뜻일까? 문자 그대로 풀면 하얀 눈으로 본다는 뜻이겠지만, 사람 눈이 하얄 리 없다. 백안시는 흰자위를 가장 크게 해서 뜬 눈으로 바라본다는 뜻이다. 어떨 때 그럴까? 어렵게 생각할 것 없다. 흘겨볼 때, 아니면 희번덕거릴

때 눈이다. 눈에 띄는 대상이 마음에 들지 않을 때 시선이 바로 그렇다.

생각해보면 흰자위가 커진 모양을 제대로 표현했다고 할 수 있지만, 사실 이 낱말에는 유래가 있다. 《삼국지》의 배경이 된 위 · 촉 · 오가 사마 씨의 진(晉)나라로 통일된 무렵, 죽림칠현(竹林七賢)이라고 일컬어진 유명한 문인과 선비들이 있었다. 도가 사상에 젖어 세속의 부귀영화를 뜬구름처럼 여기며 여유롭게 지내던 그들 일곱 명 가운데 완적(阮籍)이란 이가 있었는데, 그 역시 다른 칠현처럼 기행을 일삼았다.

완적은 싫은 사람이 찾아오면 마치 원수를 대하듯 노려보았는데, 이때 워낙 눈을 치떴기 때문에 흰자위가 유난히 드러난 데서 '백안시'란 말이 나왔다. 그럼 마음에 맞는 사람은 어떻게 맞았을까? 지긋이 반가운 마음을 담아 바라보았던 모양인데, 이를 청안시(靑眼視)라고 했다. 백안시의 반대말이라 보면 되겠다.

'눈 안(眼)'은 눈을 치료하는 '안과(眼科)', 눈이 잘 보이도록 돕는 '안경(眼鏡)' 등에 쓰인다. '볼 시(視)'는 다양하게 쓰인다. 주의를 집중해 보는 '주시(注視)'와 뚫어지게 보는 '응시(凝視)'는 문자 그대로의 뜻이지만, '좌시(坐視)'는 좀 다르다. 문자 그대로 앉아서 본다는 뜻이라기보다, (옆에 앉아서) 지켜만 보며 참견하지 않는다는 뜻을 담고 있다. 방관(傍觀) 또는 방치(放置)와 바꿔 쓸 수 있는 이 말은 "네 잘못을 좌시하지 않겠다"는 식으로 쓰인다.

또 다른 표현으로 "사시(斜視)로 본다"는 말이 있다. (비스듬히) 흘겨본다는 뜻으로, 어떤 일을 부정적으로 생각한다는 의미다. "일본의 행동 모두를 그렇게 사시로 볼 것까지는 없다"라는 식으로 쓰인다.

백중 伯仲;

맏 백 / 버금 중

말이나 둘째나 어금버금하다

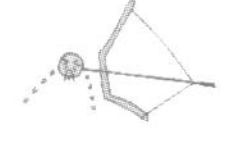

난형난제(難兄難弟), 막상막하(莫上莫下), 어금지금하다?

배구 경기를 생각해보자. 세트 스코어 2 대 2가 된 두 팀이 마지막 5세트에서 듀스, 즉 14 대 14까지 갔을 경우 게임을 중계하는 캐스터는 "두 팀이 백중지세입니다" 또는 "두 팀 전력이 백중합니다"라고 할 수 있다.

이때 '백중(伯仲)'은 재주나 실력, 기술 등이 서로 비슷하여 낫고 못함이 없는 관계나 당사자들을 뜻하는 말이다. 그런데 이들 각각의 글자를 뜯어보면 뜻밖의 사실을 알 수 있는데, '맏 백(伯)'과 '버금 중(仲)'은 형제들 사이의 차례를 나타내는 말이다.

'백(伯)'은 머리가 흰(白 · 백) 사람(亻 · 인), 즉 첫째를 뜻하는 말로,

큰아버지를 뜻하는 '백부(伯父)'나 도지사를 예스럽게 부르는 '도백(道伯)'에 쓰인다. '중(仲)'은 가운데(中·중) 있는 사람(亻·인), 곧 둘째를 뜻한다. 중국 고대 사상가이자 유교의 시조인 공자의 자(字)가 중니(仲尼)이니 둘째 아들임을 알 수 있다. 이 문자는 또 두 당사자 사이에서 일을 주선하는 '중개(仲介)'에도 쓰인다.

그렇다면 셋째, 넷째는 뭐라 했을까? 셋째 아들의 자에는 '아재비 숙(叔)', 넷째 아들의 자에는 '끝 계(季)'를 썼다. 넷째 아들에 끝의 뜻을 담은 것을 보면 옛날 중국에서 다섯째부터는 아들로 치지 않았나 하는 생각이 들기도 한다.

이 설명을 들으면 떠오르는 인물이 있을 것이다. 백이숙제(伯夷叔齊)다. 주나라 무왕이 은나라 주왕을 쫓아내자 신하가 천자를 범하는 불의한 짓이라 반대하고는, 주나라 곡식을 먹을 수 없다며 산으로 들어가 굶어 죽은 백이와 숙제를 아우르는 말로, 유가에서 형제 성인으로 꼽히는 인물들이다. 이들은 사실 고죽국의 왕자로 서로 왕위를 양보했던 우애 깊은 형제였다. 각각 본명이 묵윤과 묵지인데, 첫째와 셋째 형제간이었던 것이다.

형제 사이에서 첫째와 둘째는 터울도 그리 크지 않고 재주나 힘이 비슷한 경우가 많으므로 백중이 엇비슷한 형세를 나타내는 뜻으로 쓰인 것이다. 이와 비슷한 한자어가 여럿 있다. 누구를 형이라 하고 누구를 아우라 하기 어려울 지경인 난형난제, 더 낫고 더 못한 차이가 거의 없는 막상막하(莫上莫下)가 그런 예다. 여기서 '난(難)'은 '어려울 난'이고 '막(莫)'은 '없을 막'이니 뜻이 짐작될 것이다.

그렇다면 우리말에는 이런 표현이 없을까? '어금버금하다' 또는 '어금지금하다'가 바로 이런 경우를 가리킨다. 서로 엇비슷하여 정도나 수준에 큰 차이가 없다는 뜻으로, "프로야구 한국 시리즈에 오른 삼성 라이온스와 넥센 히어로즈는 실력이 어금버금하다"는 식으로 쓰인다.

불우 不遇;

아니 불 / 만날 우

능력이 있으나 적절한 기회를 만나지 못해 불행하다

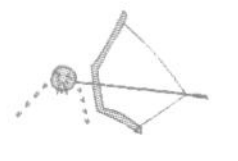

군주를 못 만나 나라에 쓰이지 못하니…

살림이나 처지가 딱하고 어려운 이들을 '불우(不遇)'하다고 한다. 해마다 연말이면 벌어지는 불우 이웃 돕기 같은 말에서 볼 수 있다. 불우를 문자 그대로 풀이하면, 부정을 뜻하는 '아니 불(不)'에 '만날 우(遇)'가 합쳐졌으니 만나지 못한다는 뜻이다. 이 말이 어떻게 해서 불쌍하다는 뜻을 갖게 되었을까? 뭘 또는 누굴 못 만났기에?

원래 불우한 이가 만나지 못한 것은 군주다. 여러 나라들이 치열하게 패권을 다투던 중국 춘추전국시대에는 재주가 아무리 뛰어나도 임금이 알아주지 않으면 능력을 발휘할 수가 없었다.

나라에 쓰이지 못하니 출세도 못 하고, 결국 살림도 어려워질 것이 분명하다. 그래서 군주를, 나아가 적절한 기회를 만나지 못한 이들을 가리켜 불우하다 했다.

그러므로 여기엔 능력 있음이 전제된다. 원뜻 그대로라면 노력을 안 해 성적이 안 좋아 상급 학교 진학에 실패한 학생은 절대 불우하지 않다. 기회는 남들과 똑같이 주어졌지만 단지 못 잡았을 따름이니 말이다. 사기당한 사람을 불우하다고 해야 하는지도 생각해봐야 한다. 실수로 또는 욕심 때문에 속아 넘어가 재산을 잃은 사람은 때를 못 만난 게 아니라 사람을 잘못 만난 것이니 말이다.

글자를 뜯어보면 재미있는 유래가 있다. 원숭이가 앉아 있는 모양을 본뜬 '원숭이 우(禺)'가 기본 글자다. 여기서 원숭이처럼 뛰어가 만나 대접한다는 '만날 우(遇)', '대접할 우'가 만들어졌다. 우연히 서로 만난다는 뜻의 '조우(遭遇)', 예를 다해 대접한다는 '예우(禮遇)'에 쓰이는 글자가 바로 이것이다. 한편 '어리석을 우(愚)'는 원숭이(禺·우)의 마음(心·심) 정도라는 뜻이 담겨, 어리석고 둔하다는 '우둔(愚鈍)'이나 어리석고 고지식하다는 '우직(愚直)'에 쓰이는 글자다.

뜻은 다르지만 소리가 같은 '불우(不憂)'가 들어간 사자성어가 있다. 바로 '인자불우(仁者不憂)'다. 마음이 어진 사람은 걱정할 일이 없다는 뜻이다. 누가 내 것을 빼앗아 갈지 걱정하지 않고, 다른 사람을 누르고서라도 출세를 하고 싶어 조바심하지 않으니 근심이 없을 것이다. 맞는 말이다. 옛 중국인들은 어지간히 세상을 낙천적으로 보았던 모양이다.

비슷한 말이 또 있다. '덕불고필유린(德不孤必有隣)'이다. 덕이 있으면 외롭지 않고 반드시 돕는 이웃이 있다는 말이다. 덕이 있고 어질면 적어도 마음은 편할 터라지만 정말 맞는 말인지 모르겠다.

선량 選良;

가릴 선 / 어질 량

과거 현량방정한 사람에서 현재 국회의원에 이르다

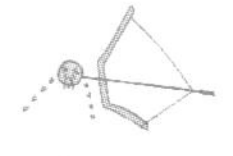

가려 뽑은 현명하고 어진 사람

행실이나 성질이 착한 사람을 선량하다고 한다. 이때 선량은 '착할 선(善)'과 '좋을 량(良)'이 합쳐진 그야말로 좋은 말이다. 그런데 국회의원도 '선량(選良)'이라고 한다. 이때는 '가릴 선(選)'을 쓰는데, 뛰어난 인물을 뽑는 행위 자체나 그렇게 뽑은 인물을 뜻해 투표로 선출된 국회의원을 일컫는 별칭이다.

선량은 중국 한나라 때 인재 추천 제도에서 비롯된 말이다. 당시 관리 등용법으로 현량과(賢良科)라는 것이 있었다. 지방 군수가 어질고 착한 사람(賢良方正·현량방정)과 효심이 깊고 청렴한 사람(孝廉·효렴)을 추천하면 이들에게 책문(策問)을 시험하여 우수한 사람을 채용하는 제도였다. 여기서 군수에게 선발된 사람을 선량이라 했으니, 가려(選·선) 뽑은 현량방정한 사람이란 뜻이었다.

현량과는 우리나라에서도 조선 중종 때 개혁파의 조광조가 도입했었다. 당시엔 기존 과거가 지식과 문장 위주로 흘러 폐단이 많고 참다운 인재를 찾기 힘들다는 이유에서 실시했는데, 조광조가 실각하면서 폐지되었다.

여기서 군수가 사람을 뽑는 것을 '선발(選拔)', 그렇게 뽑아 중앙 조정에 올리는 것을 '천거(薦擧)', 즉 추천해 올린다 했다. 요즘 국민투표로 국회의원 등을 뽑는 선거는 이 선발과 천거가 합쳐진 말이다.

근대 이후 점차 민주주의가 도입되면서 투표로 정치 지도자를 뽑는 선거가 실시됐지만, 비밀선거, 평등선거, 보통선거, 자유선거 등 투표의 4대 원칙이 정해지기까지는 생각보다 오랜 시간이 걸렸다. 예컨대 여성 투표권은 1893년 뉴질랜드에서 처음 인정되었으니 말이다.

한편 인류 역사상 맨 처음 등장한 투표 제도는 기원전 5세기 고대 그리스의 아테네에서 실시된 오스트라시즘(ostracism), 곧 도편추방제(陶片追放制)다. 도자기 파편(陶片·도편)이나 조개껍질에 독재자가 될 우려가 있는 사람의 이름을 적는 투표에서

6,000표 이상 나오면 10년 간 국외로 추방하는 제도였다. 실제로는 이 제도를 도입한 클레이스테네스까지 국외 추방을 당하는 등 부작용도 없지 않았지만, 아테네의 민주정치를 상징하는 제도로 꼽힌다.

그나저나 선거의 본뜻을 알고 나면 우리나라 국회의원을 선량이라 부를 사람이 몇이나 될지 궁금하긴 하다.

신사紳士;

큰 띠 신 / 선비 사

지위와 교양이 있고 마음과 몸가짐이 바른 남자

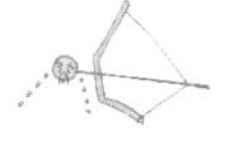

아무나 될 수는 없는 격식 있는 사람이었다

우리 역사에 '신사'라는 말이 두 번 등장한다. 하나는 일제강점기 우리 민족에게 일왕 숭배를 강요한 신사참배의 '신사(神社)'로, 신을 모신 사당이란 뜻이니 제쳐두자. 다른 하나는 1881년 고종이 파견했던 신사유람단(紳士遊覽團)의 '신사(紳士)'다. 30~40대 엘리트 관리인 '신사' 40명으로 구성된 이들 명칭에 비록 '유람(遊覽)'이라는 말이 들어가긴 하지만, 노는 것과는 거리가 멀었다. 4개월간 일본에 머물면서 담당 분야를 나눠 선진 문물을 꼼꼼히 조사하고 보고서를 낸 정부 시찰단이었다. 당시 유림에선 개화 정책을 비판하는 여론이 높았기에 동래부 암행어사로 행세하며 부산에 모여 출발하는 등 애썼지만, 기울어가는 나라를 구하는 데는 한계가 있었다.

이때 신사는 영어 젠틀맨(gentleman)에 대응하는 말이다. 영국에서는 아무나 젠틀맨이 될 수 없었다. 자작농 바로 위에 있는, 귀족 중 가장 낮은 젠트리(gentry)에서 비롯된 말로, 재산과 신분이 있는 남자들을 가리키는 일종의 존칭이다. 고대 중국에서는 예복을 입을 때 허리에 매고 그 나머지는 드리우는 폭이 넓은 띠를 가리켜 신(紳)이라 했다. 바로 '큰 띠 신(紳)'이다. 무지렁이 백성이 아니라 예복을 입을 정도로 제법 격식을 따질 만한 이들에게 '선비 사(士)'를 더해, 지위와 교양이 있고 몸가짐이 바른 남자를 의미하는 '신사'라 했다.

어쨌거나 조선의 신사유람단은 국내외 여건과 맞물려 눈에 띄는 성과를 거두지 못했다. 그런 점에서 1871년 일본이 서양에 파견했던 이와쿠라 사절단과 대비된다. 이토 히로부미 등 당시 실세들이 포함된 100명 규모의 이와쿠라 사절단은 21개월에 걸쳐 미국과 유럽을 돌며 서구 문명을 철저히 조사했다. 법률에서 철로 너비까지 분야를 나눈 치밀한 조사 결과는 정책에 반영돼 일본 근대화에 기여했다. 일본이 동양 3국 중 근대화에 앞섰던 데에는 그 치밀함도 크게 작용하지 않았을까?

이 신사에 걸맞게 마음이나 몸가짐이 선한 여성을 가리키는 말이 숙녀(淑女)다. 여기 쓰인 '맑을 숙(淑)'은 작은아버지나 아저씨를 뜻하는 숙(叔)이란 기본 글자에 물(氵·수)이 붙어 된 글자다. 추측컨대 '작다'는 뜻에 착안해 여성을 가리키는 데 쓰인 듯한데, 여기서는 '착할 숙(俶)'을 대신해 쓰였다. 재산이나 신분을 따졌던 신사와는 달리 마음 씀씀이나 몸가짐을 기준으로 숙녀를 가렸다는 점에서 여성의 사회적 진출이나 재산 모으기가 쉽지 않았던 고대 사회의 모습을 엿볼 수 있다.

점수 點數;

점 점 / 셈 수

시험을 잘 친 부분이 얼마나 있는지 세다

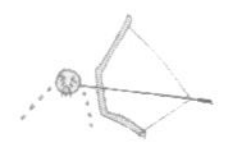

비점(批點)의 개수로 우열을 가리다

사노라면 시험을 피해 갈 수 없다. 학교를 떠나면 지긋지긋한 시험이 없을 것 같지만 천만의 말씀이다. 이런저런 형태로 시험은 끊이지 않는다. 삶은 시험의 연속이라 할 정도다.

시험을 보면 당연히 점수가 매겨진다. 그 점수가 요물이다. 배운 것을 얼마나 익혔는지 확인하는 데 목적을 두었던 시험이 한 사람의 운명을 가리는 저울 구실을 하는 바람에 1점, 2점에 웃고 울고 한다.

점수는 조선 시대 나라의 관리를 뽑는 과거에서도 매겨졌다. 물론 과거는 요즘 수능과 많이 달랐다. 많을 때는 몇만 명이 응시했다지만 어디까지나 주관식, 요즘으로 치면 서술형인데 긴 글을 써야 했으니 논술 시험에 가까웠다. 당연히 일일이 주관적으로 평가해 우열을 가렸다.

이렇게 평가하는 것이 채점(採點)이고, 여기서 점(點)은 비점(批點)을 가리킨다. 시험관들은 우선 과거 응시생들이 제출한 시나 문장을 보고 잘된 곳에 둥근 점을 찍었는데, 이를 비점이라 했다. 채(採)는 손(扌·수)으로 가려서 캔다(采·채)는 뜻으로, 사람을 골라서 쓰는 '채용(採用)'이나 나물 또는 광석을 캐내는 '채취(採取)'에 쓰인다. 따라서 채점이란 답안을 꼼꼼히 보면서 비점을 표시하는 것이었다.

한편 비(批)를 뜯어보면 '견줄 비(比)'가 보인다. 두 사람이 나란히 앉은 모양을 담은 글자로, 둘이 있으면 자연스레 비교가 될 수밖에 없다. 그래서 둘 이상의 사물을 견주어 서로의 유사점이나 차이점 또는 일반 법칙 따위를 고찰하는 '비교(比較)', 다른 수나 양에 대한 어떤 수나 양의 비중을 나타내는 '비율(比率)' 등에 이 글자가 쓰인다. 여기에 손(扌·수)이 합쳐져 '칠 비(批)'가 되었다. 손으로 크기, 장단점, 무게 등을 헤아린다는 뜻이다.

단순히 겉모양만 보는 것이 아니라 속까지 따진다는 뜻이 담겼다고 보면 된다. 사물의 옳고 그름을 가려 판단하거나 밝히는 '비판(批判)', 외국과 조약을 맺을 때 국회가 동의하는 절차인 '비준(批准)' 등에 이 글자가 쓰인다.

이 비점이 얼마나 있는지를 센 것이 점수다. 바로 비점의 숫자란 뜻이다. 그렇게 해서 점수가 가장 많은 사람이 장원이 됐다. 《춘향전》의 이몽룡 도령처럼 흔히 장원급제라고 일컫는 바로 그 경우다. 그럼 2등은? 방안(榜眼)이라 했다. 안은 '둘 이(貳)'의 은어로 급제자들의 명단인 방목(榜目)에 두 번째로 이름을 올렸다는 뜻이다. 3등은 탐화(探花)라 불렀다.

좌익 左翼;

왼 좌 / 날개 익

단순한 좌석 배치에서
이념적 차이를 상징하는 단어로

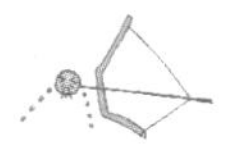

스포츠에서의 '좌익'과 정치에서의 '좌익'

왼쪽 날개를 가리키는 '좌익(左翼)'은 운동경기 중계방송에서 많이 들을 수 있는 말이다. 야구의 경우 포수의 왼쪽 외야에서 수비하는 선수를 좌익수라 한다. 또 축구는 왼쪽에서 공격하는 선수인 레프트 윙(left wing)을 좌익이라고 표현하기도 한다.

'좌(左)'는 왼손을 그린 좌(屮)와 목수의 필수품인 굽은 자를 형상화한 공(工)이 합쳐져 만들어진 글자다. 말하자면 왼손으로 자를 댄 뒤 오른손으로 톱질을 하는 경우처럼 본래는 (일을) 돕는다는 뜻이었지만, 변해서 왼쪽을 가리키게 되었다고 본다. '날개 익(翼)'은 새가 날 때 다른(異·이) 쪽에 있는 깃털(羽·우)을 함께 움

직이는 것을 나타내는 글자다.

이처럼 좌익은 스포츠에서 멋진 활약으로 갈채를 받는 선수들의 위치를 나타내지만, 정치 분야에서는 그리 좋은 뜻으로 쓰이지 않는다. 급진적 체제 개혁을 주장하는 단체나 정치 세력을 일컫기 때문이다. 대부분의 경우 사회주의자나 공산주의자를 가리키는 말이어서, 북한의 침략으로 동족상잔의 비극을 겪은 우리나라에서는 거부감을 자아내기도 한다.

단순히 방향을 뜻하는 이 말이 정치적으로 안 좋은 의미를 갖게 된 데는 사연이 있다. 1789년 프랑스대혁명 이후 혁명정부는 지롱드파와 자코뱅파로 나뉘었다. 부유한 중산층으로 구성된 지롱드파는 온건한 태도를 취한 반면, 노동자 계층을 중심으로 한 자코뱅파는 급진적이고 강경한 주장을 폈다. 자코뱅파는 로베스피에르의 지도 아래 루이 16세 국왕을 처형하는가 하면, 많은 사람들을 반혁명 세력으로 몰아 처형하는 등 공포정치를 실시했다. 뿐만 아니라 당시 유럽에서 쓰이던 그레고리력 대신 1년 열두 달을 똑같이 30일씩으로 하고 나머지 5일을 혁명 축제일로 삼는 '프랑스공화력'을 도입하는 등 그야말로 혁명적 조치를 많이 취했다.

이들 자코뱅파가 프랑스 국민의회에서 의장석 왼쪽에 자리 잡았기에 급진 과격파를 좌익이라 부르게 되었다. 게다가 자코뱅파의 공포정치가 워낙 깊은 상처를 남기는 바람에 좌익에 대한 인식이 안 좋아졌다는 설명이다. 반면 의장석 오른쪽에 의석이 있었던 지롱드파는 '우익(右翼)'으로 불려, 결국 '오른쪽 날개'는 체제 수호를 내세우는 보수 세력을 뜻하는 말이 되었다. 단순한 좌석 배치가 큰 이념적 차이를 상징하는 말이 된 셈이다.

좌천 左遷;

왼 좌 / 옮길 천

좋지 않은 쪽으로 항복하고 옮기다

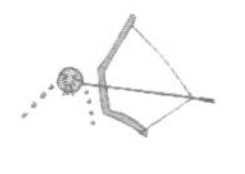

높은 자리에서 낮은 자리로

서양이나 중국에서는 왼쪽을 불길하거나 서툴거나 부족하다는 뜻으로 안 좋게 봤다. 그렇게 '왼 좌(左)'가 안 좋은 뜻으로 쓰인 대표적인 말로, 낮은 관직이나 지위로 떨어지거나 지방 직으로 전근됨을 이르는 '좌천(左遷)'이 있다. "부하 감독을 소홀히 한 잘못을 물어 지방으로 좌천시켰다"거나 "패배의 책임을 지고 감독에서 코치로 좌천되었다"는 식이다.

여기서 '천(遷)'은 덮듯이(襾·아) 크게(大·대) 무릎을 꿇어(㔾·절) 항복하고 옮긴다는 뜻이 담긴, 제법 복잡하고 어려운 글자다. '옮길 천'이라 하는데, 예를 들어 세월의 흐름에 따라 바뀌고 변한다는 '변천(變遷)', 도읍을 옮긴다는 '천도(遷都)', 지난 잘못을 고쳐 착해진다는 '개과천선(改過遷善)'에 쓰인다.

또한 중국 사상가인 맹자(孟子)의 어머니가 자식을 제대로 가르치려고 집까지 옮겼다는 옛 이야기에서 나온 '맹모삼천지교(孟母三遷之敎)'란 고사성어도 있다. 맹자가 어렸을 때는 공동묘지 가까이에 살았는데, 어린 맹자가 상여 떠나가는 소리 등 장사지내는 흉내만 내더란다. 그래서 이사를 갔는데 이번엔 시장통이었다. 그러자 물건 파는 모습을 따라 하더라는 것이다. 이에 놀란 맹자의 어머니는 다시 글방 근처로 집을 옮겼고, 그제야 글 읽는 소리를 따라 하기에 눌러살았다는 유명한 일화다. 따지고 보면 두 번 이사한 셈이니 삼천(三遷)이 아니라 이천(二遷)이지만, 어쨌든 성인 못지않다 해서 아성(亞聖)으로도 불리는 맹자의 뒤에는 이처럼 교육열에 불타는 어머니가 있었다. 자식을 명문대에 진학시키기 위해 무리를 해서라도 서울 강남 8학군으로 이사하려고 애쓰는 학부모들은 '21세기 맹모'라고 할 수 있겠다.

한마디 덧붙이자면, 중국은 왼쪽을 천시했지만 같은 한자 문화권인 우리나라에서는 달랐다. 무슨 까닭인지 왼쪽을 오른쪽보다 높고 귀한 것으로 쳤다. 대표적으로 조선 시대 임금 바로 아래에는 영의정 · 좌의정 · 우의정 삼정승을 두었는데, 정1품인 좌의정이 우의정보다 높은 벼슬이었다.

파경 破鏡;

깨뜨릴 파 / 거울 경

거울이 깨지듯 갈라서다

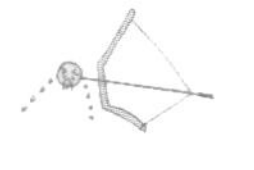

한때는 가까웠던 부부의 헤어짐

파경(破鏡)은 '깨뜨릴 파'와 '거울 경'이 만났으니, 글자 그대로는 깨진 거울 또는 거울을 깨뜨린다는 뜻이어야 마땅하다. 그런데 파경은 부부가 이혼하는 것, 또 비유적으로 아주 가까웠던 사이가 멀어지는 것을 가리킨다.

여기엔 사연이 있다. 6세기 중국에서 수(隋)나라의 침공을 받은 진(陳)나라 사람 서덕언은 전쟁 통에 아내와 헤어지게 되자 거울을 쪼개 나눠 가지며 서로의 생사를 확인하는 증표로 삼았다. 전쟁이 끝난 뒤 우여곡절 끝에 쪼개진 거울을 맞춰보고 아내가 남의 첩이 되어 살아 있음을 알게 된 그는, 거울 뒤편에 "거울은 사람과 더불어 가더니 거울만 돌아오고 사람은 돌아오지 않네"란 뜻의 시를 적어 보냈다. 이를 보고 서덕언의 아내가 하염없이 울자, 주인은 사정을 딱하게 여겨 두 사람이 고향에 돌아갈 수 있도록 풀어주었다고 한다. 이를 가리켜 쪼개진 거울이 다시 둥글게 맞춰졌다는 뜻의 '파경중원(破鏡重圓)'이라 했고, 여기서 부부의 헤어짐을 거울이 깨진 것에 비유하는 '파경'이 나왔다고 한다.

'깨뜨릴 파(破)'는 돌(石·석)의 표면(皮·피)처럼 단단하면 잘 깨진다는 뜻을 담은 문자로, 때려 부수는 '파괴(破壞)'와 일이나 계획 등이 중간에 잘못되는 '파탄(破綻)', 책을 다 읽어 치우는 '독파(讀破)' 등에 쓰인다.

여기서 주의할 말이 있다. 일이나 계획 따위가 이상하게 진행되는 파행(跛行)에는 '깨뜨릴 파'가 쓰이지 않는다. 언뜻 생각하면 진행이 어그러지는 모습을 뜻하니 '깨뜨릴 파'가 쓰일 것 같지만, 파행에 쓰인 '파(跛)'는 절름발이를 뜻하는 글자다. 한쪽 발(足·족)이 가죽(皮·피)만 남은 듯 불완전한 모습을 형상화한 것이다. 한쪽 발이 불편한 사람은 똑바로 걷지 못하고 절름거릴 수밖에 없다. 그런 모습을 회의나 계획이 순조롭게 진행되지 않는 것에 비유해 쓴 것이다. "반대파의 방해로 총회가 파행을 겪었다"라고 하는 식이다. '절름발이 파'는 파행 말고는 보통 우리가 쓰는 말에서 거의 쓰이지 않는다고 보아도 된다.

표변 豹變;

표범 표 / 변할 변

가을이 되면 표범의 무늬가 아름다워지듯
허물을 고쳐 뚜렷이 달라지다

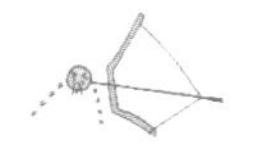

'안면몰수'와 같은 부정적 의미의 단어로 바뀌다

친구들과 함께 가는데 힘들게 손수레를 끄는 아버지를 만났다. 부끄럽다. 친구들에게 아버지의 그런 모습을 알리고 싶지 않다는 생각이 드는 것이 보통이다. 그러니 아버지를 도와 손수레를 미는 대신 남인 척 그냥 지나치기 쉽다. 이럴 때 "안면을 바꿨다"고 표현한다.

잘 알고 지내던 사람을 일부러 모른 체한다는 뜻의 이 표현은 조금 넓은 뜻으로도 사용된다. 평소의 태도나 소신을 재빨리 바꾸는 경우다. 옳고 그름을 떠나 자기 이익을 좇거나 강한 편에 붙기 위한, 좋지 않은 '변신(變身)'을 뜻한다. 선거 때는 표를 얻으려고 온갖 달콤한 약속을 다 해놓고는 막상 당선되면 나 몰라라 하는 정치인이 그렇다. 함께 돈을 모아 맛난 것을 사 먹기로 해놓고 먹고 나서는 입을 싹 씻고 딴소리를 하는 경우도 마찬가지다.

이럴 때는 인간이 당연히 지켜야 할 도리나 체면을 무시한다 해서 속된 말로 "안면을 몰수하다"라고도 하지만, 점잖게 표현하자면 '표변(豹變)'한다고 한다. 여기서 애꿎은 표범이 등장한다. '표범 표(豹)'와 '변할 변(變)'이 만나 표범같이 변한다는 뜻이기 때문이다. 그런데 이건 표범의 재빠름에서 온 말이 아니라, 계절에서 비롯된 말이다.

중국 고전 중 하나인 《주역》에 "군자는 표범처럼 변하고 소인은 얼굴로만 변한다"란 말이 나온다. 여기서 보듯 표변은 원래 좋은 뜻이었다. 표범의 털 무늬가 가을이 되면 윤이 나고 아름다워지듯이 허물을 고쳐 말과 행동이 뚜렷이 달라지는 것을 일컬었으니 말이다. 이처럼 좋은 뜻이었지만 이제는 생각이나 태도가 갑자기 변하는 데 초점이 맞춰져 그리 좋은 뜻으로 쓰이지 않는다. 여기서 '변(變)'은 실(絲·사)처럼 길게 말하며(言·언) 치면(攵·복) 바뀐다는 뜻을 담은 글자다.

동물에서 비롯된 말이 또 있다. 추호(秋毫)다. '가을 추(秋)'와 '가는 털 호(毫)'가 합쳐져 아주 적음을 뜻하는 말이다. 텔레비전 사극에서 "추호도 용서할 수 없다"처럼 쓰인다. '가을 털이 왜?'

하겠지만, 사연이 있다. 기러기는 가을이면 겨울을 나려고 털갈이를 하는데, 이때 가늘고 짧은 털이 촘촘히 난다. 여기서 아주 작은 것을 이 털 한 오라기에 비유하게 되었다.

홍일점 紅一點;

붉을 홍 / 한 일 / 점 점

많은 남자들 사이에 끼어 있는 유일한 여자

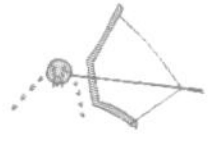

푸른 잎 사이 붉은 석류 한 알

남녀공학 고등학교의 한 동아리. 남학생 회원은 몇십 명인데 여학생이 딱 한 명이라면 어떨까? 당사자인 여학생은 무척 조심스러울 것이다. 유일한 여학생은 뭇 남학생들의 눈길을 끌기 마련이고, 혹시 어떤 남학생과 단둘이 말을 섞기라도 하면 금방 사귄다고 소문이 날 수 있으니까 말이다.

이처럼 수많은 남자들 가운데 여자 한 명이 도드라지는 것을 '홍일점(紅一點)'이라 한다. 문자 그대로는 '붉을 홍(紅)'과 '한 일(一)'과 '점 점(點)'이 만났으니 붉은 하나의 점을 뜻하지만, 시 한 수에서 새로운 뜻이 생겨났다.

11세기 중국 송나라 때 정치가이자 문장가인 왕안석(王安石)이란 인물이 있었다. 신종(神宗) 때 재상으로 균수법 등 귀족과 지주 같은 기득권층을 불편하게 하되 나라를 부강하게 할 신법(新法)을 폈던 개혁 정치 사상가였다. 그는 문장도 뛰어나 당송팔대가(唐宋八大家)의 한 사람으로도 꼽히는데, 그가 지은 〈석류를 노래함(詠石榴·영석류)〉이란 시가 있다.

이 시에 "수많은 푸른 잎 중 붉은 점 하나(萬綠叢中紅一點·만록총중홍일점) / 사람 마음 들뜨게 하는 봄빛엔 많은 것이 필요하지 않네(動人春色不須多·동인춘색불수다)"란 구절이 나온다. 봄날 많은 잎 가운데 돋보이는 붉은 석류를 이렇게 표현했는데, 워낙 명구라 해서 이후 많은 남자의 마음을 설레게 하는 한 여자를 비유하는 말로 자리 잡았다는 이야기다.

그렇다면 많은 여성 가운데 남성 한 명이 섞여 있다면 뭐라 부를까? 이때는 청일점(靑一點)이라 한다. 예컨대 한창 인기를 모은 텔레비전 오디션 프로그램에서 상위 10위에 오른 사람이 모두 여성이고 딱 한 명만 남성일 때 그를 청일점이라 부른다.

글자를 살펴보면 '붉을 홍(紅)'은 실(糸·사)을 가공(工·공)하면 (중국인은 붉은색을 가장 좋아하기에) 대체로 붉은색으로 하는 데서 나온 글자다. '붉을 홍'이 들어간 말로 홍조(紅潮)가 있다. 이는 '붉을 홍'이 '바닷물 조(潮)'와 만나 원래 아침 햇살에 붉게 물든 바다를 뜻했지만, 그 뜻이 변해 술에 취하거나 부끄러워 얼굴이 붉어지는 모습을 가리키는 데 쓰인다. "수많은 남학생들 앞에서니 여학생의 얼굴이 홍조를 띠었다"라고 하는 식이다. 그런데 홍일점은 매일 홍조를 띤다면 불편해서 어떻게 지낼까?

효시 嚆矢;

울릴 효 / 화살 시

전쟁의 시작을 알리며 쏘았던 '우는 화살'

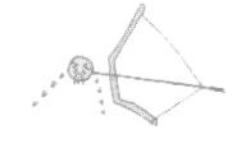

어떤 일의 맨 처음, 시작

"에드거 앨런 포의 단편소설《모르그 가의 살인 사건》을 근대 추리소설의 효시로 본다." 이런 글을 보면 '효시(嚆矢)'의 뜻이 대강 짐작이 갈 것이다. 바로 맨 처음이란 뜻이다. 그런데 효시는 '울릴 효'와 '화살 시'가 만난 낱말로 원래는 '우는 화살'이란 뜻이다. 이것이 오늘날같이 처음을 비유하는 말로 쓰이게 된 데는 까닭이 있다.

2,000여 년 전 중국 한나라 때는 전쟁을 알리는 신호로 대장군이 화살을 적진으로 쏘아 보냈다고 한다. 이 화살은 그 끝에 날카로운 촉 대신 속 빈 나무나 구멍 뚫린 사슴 뼈로 만든 소리

통을 달아, 화살이 날 때 빠르게 공기를 통과하면서 우는 소리를 내도록 한 특수 화살이었다.

어쨌거나 이 화살은 우는 것 같은 높은 소리를 내어 병졸들에게 공격 개시를 알렸기에, 어떤 일의 시작을 효시라 일컫게 되었다는 설명이다. 한나라 때 사마천이 쓴 사서(史書)《사기(史記)》에 따르면 북방의 흉노족이 만들었다고 하니, 효시를 사용한 것은 무척 오래된 셈이다.

'효(嚆)'는 입(口·구)에 쑥(蒿·호)을 넣으니 그 쓴맛 때문에 울음이 나온다는 뜻을 담아 '울릴 효'라 하는데, 효시 말고는 거의 쓰이지 않는다. '시(矢)'는 화살의 모양을 본뜬 문자다.

이 효시와 음이 같은 효시(梟示)가 있다. 목을 베어 높이 매달아 뭇사람에게 보인다는 뜻으로, '올빼미 효(梟)'가 들어간다. 비슷한 낱말로 효수(梟首)가 있다. 그런데 옛사람들은 올빼미가 사납고 용맹스럽다고 여겼는지, 사납고 용맹스러운 사람을 뜻하는 효웅(梟雄)에도 이 글자가 쓰인다.

화살을 쏘아 보내는 활은 중국인이 우리 민족을 가리키는 데 들어간다. '오랑캐 이(夷)'는 큰(大·대) 활(弓·궁)을 나타내는 글자로, 중국인은 우리 민족을 활을 잘 쏘는 민족이라는 의미에서 동쪽에 있는 오랑캐, 즉 동이(東夷)라 일컬었다. 참고로 중국인은 자기네를 중화(中華)라 하여 세상의 중심으로 여기며, 주변 민족은 동이, 서융(西戎), 남만(南蠻), 북적(北狄)이라 해서 모조리 야만족으로 낮춰 불렀다.

잘못 쓰는 한자어

마크 리퍼트 주한 미국 대사가 공격을 당한 사건이 있었다. 이를 전한 한 신문 인터넷판에 실린 사진 설명이 고개를 갸웃하게 했다. "리퍼트 대사가…… 피습 당했다"란 짧은 글이었다.

'습(襲)'은 좀처럼 쓸 일이 없는 복잡한 한자다. 용(龍)만 해도 어지러운데 이를 옷(衣 · 의)이 받치고 있으니, 쓰자면 20획이 넘는다. 용이 갑자기 비를 내려 옷을 젖게 한다는 뜻이라는데, 그래서 엄습하다, 이어받다란 뜻을 가졌다. 엄습하다란 뜻으로 쓰인 예는 갑자기 덮쳐 적을 공격한다는 '습격(襲擊)'이 있고, 예로부터 해오던 방식이나 수법을 그대로 따라 한다는 '답습(踏襲)'에선 이어받다란 뜻으로 쓰였다.

어쨌거나 리퍼트 대사로선 뜻밖의 공격을 받았으니 이를 '습격'이라 한 것은 마땅하다. 문제는 '피(被)'다. 이 글자는 옷(衤 · 의)을 뜻하는 글자와 가죽(皮 · 피)을 뜻하는 글자가 합쳐져 옷을 두르고 입는 모습을 가리킨다. 그렇게 '입을 피'라 해서 수동적 태도를 표현한다. 이때 '피습'이란 말 자체가 습격당하다란 뜻을 가졌으니, '피습을 당하다'는 '습격당함을 당함'이란 우스운 말이 된다.

특히 지면이나 시간이 제한되어 간략한 표현을 즐겨 쓰는 언론에서 이 '피'가 들어간 말을 많이 쓰는데, 자칫하면 망신을 당하기 쉬우니 조심해야 한다. "피랍당한 한국 선원"이나 "피체당한 한국 사업가"는 물론이고 "피해를 당하다"도 모두 어색한 표현이다. '피랍(被拉)'은 납치되다란 뜻이고, '피체(被逮)'는 체포되었다는 뜻이다. 당연히 '납치된', '체포된'으로 써야 마땅하다. '피해(被害)' 역시 해를 입다란 뜻이니, 피해는 당하는 게 아니라 보는 것이라 해야겠다.

이처럼 수동 또는 피동의 뜻을 가진 피(被)로 시작된 낱말에 '당하다'나 '되다'란 술어를 쓰면 안 된다. 잘못 쓰면, 속된 말로 '피 본다'.

앞의 경우가 한자 뜻을 제대로 살피지 못해 저지르는 잘못이라면, 한자어 뜻을 잘못 아는 탓에 생기는 어색함도 있다.

대표적인 것이 '유명세(有名稅)'다. 이 말은 이름이 세상에 널리 알려진 탓에 생기는 불편을 비유한 것이다. 여기서 주목할 것은 '세(稅)'다. 이는 다른 곡식을 벼(禾·화)로 바꾸어(兌·태) 내는 것, 즉 옛날의 세금을 뜻하는 글자다. 세금은 누구든지 반갑지 않다. 그렇지만 피해 갈 수는 없어 부담이기도 하다. 그러니 유명세는 이름을 날리는 탓에 (세금처럼) 부득이하게 져야 하는 부담이란 뜻을 가졌다.

예를 들어 유명 연예인이라면 대중목욕탕을 편히 못 간다든가 하는 것이 바로 그렇다. 그러니 "톱 탤런트 홍길동은 유명세를 치르느라 시장에서 에누리도 제대로 할 수 없다"처럼 '치르다' 또는 '물다'란 술어와 함께 쓰면 된다.

그런데 요즘은 유명세가 좋은 의미로 쓰인다. 주요 언론에서도 "유명세를 타다", "유명세를 떨치다" 하는 식의 표현을 쉽게 접할 수 있다. "첨단 기능을 갖춘 초경량 제품으로 유명세를 탄 신모델"이라면 유명세를 유명세(有名勢, 유명해지는 기세) 정도로 이해한 문장이다. 하지만 이런 말은 없으니, 굳이 잘 모르는 한자어를 쓸 게 아니라 "이름난 신모델", "유명해진 신모델"로 쓰면 될 일이다.

한자어의 관용적 표현에서 거슬리는 사례는 여럿 있지만, 글쓰기 지도를 하다가 자주 만나는 것이 '염두하다'와 '토를 하다'이다.

'염두(念頭)'를 국어사전에서 찾아보면 생각의 시초 또는 마음속이라고 풀어놓았다. 어느 쪽이든 '~하다'란 말을 붙여 동사로 만들면 어색하다. 마음속하다? 이런 표현은 우리말이 아니다. 그러니 명심하다, 유념하다란 뜻으로는 '염두에 두다'라고 쓸 일이다. 그걸 잘못 알아 '염두해두다'라고 쓰는지도 모르겠다.

'토를 하다' 역시 거슬린다. 여기서 '토'는 아마도 '토할 토(吐)'를 뜻하지 싶다. 이 글자는 입(口·구)을 흙(土·토)에 향하고 토하는 모습을 나타내는데, 단독으로는 쓰지 않는다. 국어사전을 보면 '토하다'의 어근이라 풀었으니, "술을 너무 마셔 토하고 말았다" 식으로 '토하다'가 제대로 된 표현이다. 요모조모 말을 줄여 쓰는 젊은이들이 '토를 하다'로 늘려 쓰는 심사를 도통 알 수가 없다.

'광대 배(俳)'는 맹랑한 몸짓으로 보는 사람들을 웃기는 사람,
그러니까 희극 배우를 가리킨다. 반면 '배우 우(優)'는 슬픈 모습으로 관객의 마음을
울리는 비극 배우를 가리키는 말이다. 그래서 연기인을 두루 일컫는 말로
배우란 말이 쓰이게 되었다.

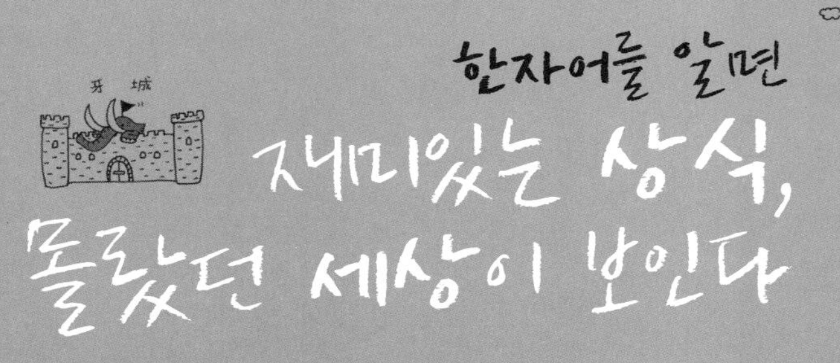

4

한자어와 관련된 일반교양과 상식을 재미있게 담았다.
일상적으로 받아들였던 어휘들 속에서 색다른 즐거움을
발견할 수 있을 것이다. 토막 기사 같은 글과 함께 시야를 넓혀보자.

각광 脚光;

다리 각 / 빛 광

눈부시게 빛나는 등장과 함께
대중의 관심을 한 몸에 받다

무대 조명인 'foot light'에서 태어난 한자어?

인천 아시안게임에서 금메달을 따며 화제가 된 인물 중 한 명이 남자 축구 대표팀의 임창우 선수다. 북한과의 결승전에서 연장 막판에 극적으로 골을 넣으며 영웅으로 떠오른 그는 대표 선수 중 유일하게 2부 리그인 챌린지 리그에 속한 대전 시티즌 소속의 무명이었다는 점에서 특히 화제를 모았다.

이렇게 대중의 시선을 모으며 스타로 떠오르는 것을 '각광(脚光)'을 받는다고 표현한다. 이때 각광은 사전적 의미로 사회적 관심이나 흥미를 뜻하지만, 원래는 영어 '풋라이트(foot light)'를 그대로 옮긴 말이다. 즉 동북아 한자 문화권이 서양과 접촉하기

전에는 쓰이지 않던 말이다.

풋라이트는 연극에서 쓰이는 용어다. 무대 앞 아래쪽에 설치해 주요 인물을 비추던 조명을 가리킨다. 생각해보자. 어두컴컴한 무대 중앙에 선 배우에게 아래쪽에서 환한 빛을 비추면 자연스레 관객의 시선이 쏠리고, 그의 대사 한 마디 한 마디에 귀를 기울이게 될 것이다. 여기서 대중의 관심을 한 몸에 받는 경우를 빗대 쓰게 된 것이다.

그렇다면 각광을 문자 그대로 풀면 무슨 뜻일까? '각(脚)'은 몸(月·월)이 물러날(却·각) 때 구부려 쓰는 것, 바로 다리를 가리키는 말로 '다리 각'이라 한다. 바로 'foot'에 대응하는 말이다. '광(光)'은 작게(小·소) 땅(一·일)과 사람(人·인)을 비춘다 해서 '빛 광'이라는 한자로, 'light'를 옮기는 데 쓰였다.

사실 연극이나 영화, 텔레비전 드라마 같은 영상 예술을 '빛의 예술'이라 할 정도로 조명은 중요한 요소다. 빛의 음영으로 극중 분위기를 전하기도 하고 주인공을 부각하거나 앞으로 벌어질 사건을 암시하는 등 다양하게 쓰인다. 뿐만 아니라 조명에 따라 출연진의 인상도 달라져, 특히 여배우들은 자신에게 어떤 조명을 해주는지 무척 신경을 쓸 정도라고 한다. 그러니 각광이란 말이 이런 용도로 쓰이는 데는 나름 이유가 있다 하겠다.

한데 공연 예술에서 '다리 각'이 뜻밖에도 요긴하게 쓰인다. 대표적인 것이 '각본(脚本)'이다. 각본은 원래 연극이나 영화를 만들기 위해 쓴 글이나 책을 가리키는데, 여기엔 각 등장인물의 대사는 물론 동작이나 무대장치 등이 꼼꼼히 적혀 있다. 다리를 쓰는 움직임을 담았다는 뜻에서 각본이라 했다는데, 이는 각광과 달리 오래전부터 쓰였다고 한다. 나아가 이 말은 "각본대로 하지 않아 일을 망쳤다"는 식으로, 그리 아름답지 않은 '사전에 짠 계획'이란 뜻으로도 쓰인다. 소설이나 시를 영화나 연극 각본으로 고쳐 쓰는 것은 '각색(脚色)'이라 하는데, 여기에도 '다리 각'이 쓰인다.

공룡 恐龍;

두려울 공 / 용 룡

무서운 용? 디노사우르(dinosaur)를 그대로 한자로

무시무시한 도마뱀이 아니고, 두려움이 느껴지는 용!

인류가 등장하기 이전에 한때 공룡이 지구를 주름잡던 시대가 있었음을 이제는 누구나 인정한다. 약 2억 2,500만 년 전부터 약 6,500만 년 전까지 중생대 때 이야기다. 중생대는 인류가 등장하기 이전 암석이 형성되고 다양한 생물들이 나타나기 시작하던 지질시대에서 고생대와 신생대 사이의 기간을 말한다. 좀 더 세분하면 공룡은 쥐라기와 백악기에 주로 활동했다(영화 〈쥐라기 공원〉에서 나온다).

이제는 인형 모형도 나오고 애니메이션에도 등장하는 등 어린이들의 친구가 된 감이 없지 않지만, 공룡은 한때 논란의 대상이

었다. 이를테면 공룡은 하느님이 창조했을까, 노아의 방주에도 실렸을까 하는 종교적 의문이 그것이다. 그도 그럴 것이 공룡이란 말은 1841년 영국의 고생물학자 리처드 오언이 만들었기 때문이다. 오언은 당시 속속 발견되던 어마어마한 크기의 뼈 화석을 뭉뚱그려 가리키는 말로, '무시무시한' 또는 '강력한'이라는 뜻을 가진 그리스어 'deinos'에서 'dinos'를, '도마뱀'을 가리키는 'sauros'에서 'saur'를 따와 '디노사우르(dinosaur)'란 단어를 새로 만들었다. '무시무시한 도마뱀'이란 뜻의 이 단어는 당연히 성경에 나오지 않기에 지금 보면 우스운 논쟁이 벌어졌던 것이다.

어쨌든 디노사우르의 말뜻을 그대로 한자로 표기한 것이 공룡(恐龍)이다. 이는 무서운 용이란 뜻으로, '두려울 공(恐)'은 장인(工·공)이 무엇을 만들 때 보통(凡·범) 실수할까 조심하는 마음(心·심)을 품는다는 뜻을 담은 글자다. '용(龍)'은 상상 속의 신령한 동물로, 머리를 세우고 몸을 꿈틀거리며 하늘로 오르는 모습을 그린 문자다. 공룡의 엄청난 위력이나 외형을 생각하면 '도마뱀'보다는 '용'의 일종으로 본 한자어가 더 일리 있어 보인다.

공룡에 관한 연구는 의문의 멸종 원인을 포함해 여러 방면에서 진행 중인데, 하늘을 나는 익룡(翼龍) 등 다양한 종류가 있었던 것으로 알려져 있다. 그렇다면 공룡은 얼마나 컸을까? 가장 큰 공룡으로는 1979년 미국 뉴멕시코에서 화석이 발견된 '세이

스모사우루스'를 꼽는데, 평균 몸길이 35미터에 몸무게 약 30톤으로 추정하고 있다. 걸을 때 지진이 난 듯 땅이 울렸을 거라 해서 '지진 도마뱀'이란 뜻의 이름이 붙었다.

한편 지구 역사상 가장 큰 동물로는 지금도 생존하고 있는 흰긴수염고래를 꼽기도 하는데, 평균 길이는 25미터지만 몸무게가 자그마치 130톤에 이르기 때문이다.

관록 貫祿;

꿸 관 / 봉급 록

일정한 경험이 쌓이면 붙는 무게, 위엄

벼슬을 거듭하니 봉급이 오르다

근로에 대한 대가로 보수를 주는 방법은 크게 두 가지가 있다. 연공서열제와 능력급제가 그것이다. 연공서열제는 근속 연수나 나이에 비례해 보수를 높여주는 방식이다. 이에 따르면 먼저 일하기 시작한 사람, 대체로 나이가 많은 사람이 급여를 더 많이 받게 된다. 나이가 들수록 돈 들어갈 일이 많아지는 현실을 반영한 것으로, 받는 사람 쪽에서 보면 예측이 가능하기에 조직이 안정된다. 그러나 열심히 하지 않는 사람도 시간만 지나면 급여가 많아지므로 꾀를 부리는 사람이 생길 수 있어 능률이 떨어질 우려가 있다.

반면에 능력급제는 일한 만큼, 그러니까 실적에 비례해 급여를 주는 방식이다. 나이나 학벌, 성별 등과 무관하게 오로지 실적만 많으면 높은 급여를 주니 많은 사람들이 열심히 일하도록 동기부여를 할 수 있다. 그러나 경쟁에 따른 부작용이 나타날 수 있고, 제대로 평가하지 않으면 정실(情實)이 개입할 여지가 크다.

실제 옛 선인들이 능력급제 대신 연공서열제를 도입하게 된 데는 부당한 인사 청탁을 물리칠 명분을 마련하고자 하는 이유도 있었다고 한다. 예를 들어 "아무개를 평안도 관찰사로 승진시켜주시오"라는 압력이 들어오면 "아, 그 사람은 아직 나이가 어려서" 하는 식으로 연공서열제를 방패막이로 삼았다는 것이다.

어쨌거나 어떤 일에 대한 상당한 경력으로 생긴 위엄이나 권위를 뜻하는 '관록(貫祿)'은 이 연공서열제와 관련이 있다고 보아도 된다.

'관(貫)'은 조개껍질(貝·패)(인류사 초기엔 조개껍질을 화폐로 썼다)을 꿰어(毌·관)놓은 모습을 그린 글자로 본래 '꿸 관'이라 한다. 그런데 옛날 화폐인 엽전의 가운데 네모난 구멍을 꿰어 여러 개를 묶은 모습에서 연속되다란 뜻도 지녀 '거듭 관'이라고도 한다.

'록(祿)'은 '봉급 록'이라 한다. 그러니 관록이란 말 그대로는 벼슬을 연속해서 하는 덕에 봉급이 거듭 오른다는 뜻이다.

그러니 관록이 생기려면 어느 정도 경험이 쌓여야 한다. 예를 들어 이제 1년이 된 프로야구 선수는 아무리 잘 해도 "관록을 자랑하는"이나 "관록이 붙은"이란 수식어를 붙이지 않는다.

아, '봉급 록'이 쓰인 고사성어로 '서중자유천종록(書中自有千鍾祿)'이란 말이 있다. 책 속에 큰 재물이 있다는 뜻으로 공부를 열심히 하라는 말로 쓰였으니, 요즘으로 치면 "한 시간 더 공부하면 배우자 얼굴이 달라진다"란 말과 비슷하다 할까?

기강 紀綱;

벼리 기 / 벼리 강

재료가 많아도 제대로 쓰지 못하면 소용없다

그물이 삼천 코라도 벼리가 으뜸

"공무원의 기강을 바로잡겠다"거나 "학생들의 기강이 흐트러졌다"는 말을 들어봤을 것이다. 이때 '기강(紀綱)'은 무슨 뜻일까? 사전에서는 '규율과 법도를 아울러 이르는 말'이라며 '근무 자세', '태도'로 고쳐 쓰는 것이 바람직하다고 풀어놓았다. 말하자면 공무원의 경우는 근무 자세로, 학생의 경우는 태도로 쓰면 될 듯싶다.

그런데 기강은 물고기 잡는 일에서 나온 말이다. '기(紀)'나 '강(綱)' 모두 '벼리'를 가리키는데, 벼리란 그물 한 부분의 이름이기 때문이다.

이름도 낯선 벼리를 설명하기 전에 그물코부터 알아보자. 줄을 엮어 만드는 그물은 사각형 또는 삼각형 모양의 매듭들을 이어 붙이는데, 그 각각의 매듭을 그물코라 한다. 한데 그물코가 아무리 많아도, 즉 그물이 아무리 커도 조여지지 않으면 물고기를 잡을 수 없다. 이 그물을 조일 때 쓰이는 부분이 그물의 위쪽 코를 꿰어놓은 벼리다. 그러므로 그물을 폈다 오므렸다 해서 물고기를 잡을 수 있도록 하는 벼리가 그물에서 가장 중요한 부분이라 할 수 있다.

그러기에 "그물이 삼천 코라도 벼리가 으뜸"이라는 우리 속담이 있을 정도다. 아무리 재료가 많아도 이를 제대로 이용하거나 통솔하지 못하면 아무 소용이 없음을 뜻하는 말이다. 여기서 작은 벼리를 가리키는 '기(紀)'와 큰 벼리를 가리키는 '강(綱)'이 합쳐져 공무원이나 학생, 백성이 제구실을 하게 하는 규율과 법도를 뜻하게 되었다.

예수 탄생을 기준으로 연도를 헤아리는 '서기(西紀)'나 군의 규율을 뜻하는 '군기(軍紀)'에 쓰이는 글자가 바로 실(糸·사) 가운데 몸(己·기)처럼 중요한 것을 뜻하는 '기(紀)'다. 벼리처럼 중요한 것은 적어둔다는 뜻에서 '적을 기'라고도 하는데, 여행 경험을 기록한 '기행문(紀行文)'에도 쓰이는 까닭이다.

'강(綱)'은 실(糸·사) 가운데 산등성이(岡·강)처럼 든든하다는 뜻으로, 기본 줄거리나 골자를 뜻하며 '대학 입시 요강' 등에 쓰이는 '요강(要綱)', 정당이나 사회단체의 기본 방침을 뜻하는 '강령(綱領)'에서 볼 수 있다. 또 유교 도덕의 기본이라는 '삼강오륜(三綱五倫)'에도 바로 이 글자가 쓰인다.

기형 畸形;

뙈기밭 기 / 모습 형

보통과는 다른, 바르거나 고르지 않은 기묘한 모양

밭 가운데 기이하게 남은 불규칙한 모양의 자투리땅

경상남도 남해군 남면에 가보면 다랭이 마을이 있다. 다랭이는 산골짜기의 비탈진 곳 따위에 있는 계단식으로 된 좁고 긴 논배미를 뜻하는 '다랑이'의 사투리다. 다랑이는 벼농사를 짓기 위해 한 뼘의 땅이라도 일구려 했던 조상들의 지혜와 땀이 낳은 농법의 현장이다. 이 마을에는 600개가 넘는 논배미가 바다를 면한 가파른 언덕에 다닥다닥 층층이 붙어 있어 눈길을 끈다('배미'는 논두렁으로 둘러싸인 하나하나의 논을 가리킨다. 둥근 논은 둥그배미, 위쪽에 있으면 윗배미라고 한다. 박영한이 쓴 《우묵배미의 사랑》이란 소설도 있다).

다랭이 마을의 논들은 전부 제각각의 모양이다. 효율적인 기계화 농법을 쓰기 위해 거의 모든 논이 사각형으로 정리된 지 오래지만, 여기선 그런 모양의 논을 볼 수 없다. 비탈에서 어떻게든 씨 뿌릴 땅을 확보하려다 보니 그런 여유를 찾을 수 없었다. 생긴 모양 그대로 땅을 고르고 물을 가두니, 곡선을 이룬 논들은 자연스러움과 기하학적 아름다움이 절묘하게 어우러진 풍경을 연출한다. 명승지로도 지정되었을 정도다.

이런 모양을 '기형(畸形)'이라 한다. 이제는 바르거나 고르지 않은 모양을 가리키는 바람에 조금은 안 좋은 뜻을 풍기는 이 말은 원래 논농사에서 비롯되었다. 반듯하게 구획한 후 남아 있는 불규칙한 모양의 자투리땅을 '뙈기밭 기(畸)'라 일렀다. 밭(田 · 전) 가운데 기이(奇 · 기)하게 남은 땅이란 뜻을 담은 글자다. 덧붙이자면 '기이할 기(奇)'는 크게(大 · 대) 옳으면(可 · 가) 남보다 뛰어나다는 뜻이고, 남보다 뛰어남은 곧 남과 다르다 해서 기이하다란 뜻을 갖게 된 글자다. 그리고 '형(形)'은 우물(井 · 정)에 머리털(彡 · 삼)이 비친 모습에서 나온 글자로 '모습 형'이라 한다.

'기이할 기(奇)'가 들어간 한자는 대체로 '기'로 읽으면 되는데, 그중 기억할 것이 '험할 기(崎)'다. 산(山) 모양이 기이하니 험할 수밖에 없으리라. 온갖 어려운 일을 많이 겪는 상태를 '기구(崎嶇)'라고 하고, "기구한 운명의 장난" 등처럼 쓰인다.

납량 納涼;

들일 납 / 서늘할 량

서늘함을 받아들이다

여름철 더위를 피해 시원하게

날이 더우면 "가만히 앉아 있어도 등에 땀이 줄줄 흐른다"고 한다. "찌는 듯하다"고도 하는데, 솥 안에 들어 있으면 땀이 흐를 수밖에 없다. 이 땀에 고마워해야 한다. 눈으로 흘러들어 귀찮게 하고, 모양도 사납게 만들고, 때로는 좋지 않은 냄새의 원인이 되기도 하지만 그래도 고마워해야 한다.

만일 땀을 흘리지 않는다면 우리는 한여름에 제대로 움직이지도 못할 것이다. 땀이 식으면서 체온을 조절해주기 때문이다. 햇볕이 쨍쨍 내리쬐는 한여름, 마당에 늘어져 있는 개를 떠올려보자. 혀를 내밀고 헉헉거리는 모습일 것이다. 개는 땀을 흘리지 않기 때문이다. 아니 정확히 말하면 땀샘이 있지만 발바닥에 있다. 땀샘이 적으니 당연히 체온 조절이 힘들다. 그래서 개는 한여름이면 혀를 내밀어 조금이라도 체온을 낮추려 드는 것이다.

땀은 대부분 수분으로 구성되어 있으며 극히 적은 양이지만 소금과 칼륨, 젖산 등이 포함되어 있다. 또 땀샘에는 겨드랑이, 젖꼭지, 사타구니에 몰려 있는 아포크린샘(apocrine gland)과, 나머지 신체 다른 부분에 있는 에크린샘(eccrine gland)이 있다. 아포크린샘은 세포의 일부분이 파괴되어 땀에 섞임으로써 체취의 원인이 된다. 깨끗이 씻지 않을 경우 겨드랑이 등에서 안 좋은 냄새가 나는 것은 이 아포크린샘 탓이다.

그런데 더워도 땀이 쏙 들어갈 때가 있다. 바로 〈여고괴담〉 같은 공포영화나 드라마를 볼 때가 그렇다. 요즘엔 뜸하지만 찌는 듯한 무더위가 기승을 부릴 때면 이처럼 오싹 소름이 돋는 공포물을 텔레비전 드라마나 영화로 많이 만날 수 있었는데, 이를 '납량(納凉)' 특집 또는 납량물이라 했다. 납량은 '들일 납(納)'과 '서늘할 량(凉)'이 합쳐진 낱말로, 말 그대로는 서늘한 기운이 스며든다는 뜻이다. '납(納)'은 옛날 화폐처럼 쓰이던 실(糸·사)을 안(內·내)으로 들여 바친다는 뜻을 나타내는 문자다. '량(凉)'은 물이 얼면(冫·빙) 서울(京·경)도 시원하다는 뜻을 담았다.

이 '서늘할 량'이 자주 쓰이는 데가 있다. 바로 '청량(淸凉)'음료다. 콜라, 사이다처럼 여름철 냉장고에 두었다가 시원하게 마시는 음료를 통틀어 부르는 말이다. 한데 낱말 뜻을 고집한다면 사이다는 몰라도 콜라를 청량음료라 하기엔 무리가 있다. '청량'이란 맑고(淸·청) 서늘하다는 뜻인 만큼, 시커먼 콜라는 시원할지는 몰라도 맑다고 하기는 어려우니 말이다.

도태 淘汰;

쌀 일 도 / 추릴 태

이고 추려내어 불필요한 것을 줄여 없애다

조리로 쌀의 돌을 걸러내듯

영국의 생물학자 찰스 다윈이《종의 기원》이라는 책에서 진화론을 주장한 것이 1859년. 생물은 환경에 적응하느라 단순한 것에서 복잡한 것으로 진화하며, 생존경쟁에 적합한 것은 살아남고 그렇지 못한 것은 '도태(淘汰)'된다는 진화론은 적어도 지금까지는 생명의 탄생과 다양한 생물 종(種)의 존재를 설명하는 가장 믿을 만한 이론이다. 발표된 지 150여 년이나 지난 21세기 들어 가장 각광 받는 과학 이론이라 해도 지나친 말이 아니다. 진화론이 생물학 분야를 넘어 진화심리학, 행동경제학 등 다양한 학문 분야에 적용되고 있기 때문이다.

이 진화론의 핵심 개념이 바로 도태다. 여럿 중에서 불필요하거나 부적당한 것을 줄여 없앤다는 뜻으로, 환경에 적응하지 못한 생물 종은 갈수록 자손을 남기기 어려워 점차 멸종한다는 진화론을 그대로 보여주는 말이다. 그런데 이 어려운 한자어는 뜻밖에도 우리 생활 주변에서 흔히 보던 일상과 관계가 있다.

먼저 조리라고 하는 옛 주방 기구에 대해 알아보자. 조리는 쌀을 이는 도구로, 가는 대오리나 싸리로 만든 조그만 삼태기 모양이다. 밥을 지으려고 쌀을 씻을 때 이 조리를 물에 담가 살살 흔들며 작은 돌, 뉘, 지푸라기 등을 골라내곤 했다(물론 요즘엔 기계로 돌 등을 골라낸 쌀을 포장해 팔기 때문에 조리를 쓰지 않아서 보기는 힘들다). 이렇게 물에 담가 이리저리 흔들어 불순물을 골라내는 행동을 '일다'라고 했다.

그리고 도태는 바로 '일 도(淘)'와 '추릴 태(汰)'가 합쳐진 낱말이다. '도(淘)'는 질그릇(匋·도)에 물(氵·수)을 부어 곡식을 이는 모습을 그린 문자이고, '태(汰)'는 물(氵·수)로 큰(太·태) 것을 추려낸다는 뜻이 담긴 문자다. '추릴 태'에는 씻어낸다는 뜻도 있어 '산사태(山沙汰)'에 쓰이기도 한다.

어쨌거나 진화론의 핵심 개념은 우리 주변의 행위와 밀접한 관련이 있는 셈이다. 여기서 주의할 점이 있다. 진화론의 도태는 '자연도태'다. 자연환경을 통해 생존에 적합한 생물 종이 결정된다는 설명이다. 그런데 '인위도태'라 해서 진화론을 사회나 국가에 적용함으로써 악용된 사례가 있으니, 바로 '사회진화론'이다. 영국의 허버트 스펜서가 다윈의 진화론을 악용해 주창한 이 이론은 적자생존과 약육강식을 옹호해 인종차별주의, 서구의 제국주의를 정당화하는 데 활용되기도 했다.

마천루 摩天樓;

문지를 마 / 하늘 천 / 다락 루

하늘을 긁고 어루만질 만큼 높은 건물

최초의 마천루로부터 점점 높아져…

문자 그대로는 하늘을 어루만지는 건물이란 뜻의 '마천루(摩天樓)'는 초고층 건물을 가리키는데, 요즘엔 잘 쓰이지 않는 듯하다. 240미터 이상의 높은 건물을 가리키지만 원래는 그렇게까지 높지 않았다.

최초의 마천루는 19세기 말 미국 시카고에 세워진 10층짜리 보험사 빌딩이다. 10층 이상 아파트가 흔한 오늘날에야 "겨우 10층?" 하겠지만, 당시로는 탑이 아니라 사람이 거주할 수 있는 건물로는 상상하기 힘든 높이였다. 케이블이 끊어져도 안전한 엘리베이터 시스템과 강철 기둥을 쓰는 건축법이 개발되고서야

지어지기 시작했으니 말이다.

대표적인 마천루로는 한동안 1932년 미국 뉴욕에 세워진 엠파이어스테이트 빌딩이 꼽혔다. 대공황 이후 무너진 미국의 자존심을 상징한다던 이 건물은 벽돌이 1,000만 개 이상 들어간 높이 381미터의 102층짜리로, 1954년까지 세계에서 가장 높은 건물이었다(1960년대 우리나라 초등학교 사회 과목 시험에 나올 정도였다). 1945년 짙은 안개로 비행기가 79층에 부딪혔는가 하면, 1979년엔 86층에서 뛰어내린 한 여성이 빌딩 주변의 기류 덕에 아래층으로 빨려 들어가 목숨을 건지는 등 많은 화제를 낳았다.

고층 건물을 뜻하는 영어 'skyscraper'는 모양을 그대로 담은 말이다. 하늘(sky)을 긁을(scrape) 정도로 높은 건물이란 뜻이니 말이다. 마천루는 이보다 순하다. 삼(麻·마)을 손질(手·수)하듯 어루만진다는 뜻이 담긴 '마(摩)'를 썼으니 말이다.

한편 경제 상태와 관련해 '마천루의 저주'란 용어가 있다. 초고층 건물 건설이 경제 위기를 예고한다는 가설이다. 1999년 독일 도이체방크의 분석가 앤드루 로런스가 100년간 마천루 건설 사례를 분석한 결과에 따르면, 천문학적 비용이 들어가는 초고층 빌딩은 막대한 돈이 풀리는 등 경기가 좋을 때 시작되지만 막상 완공 무렵엔 경기 거품이 꺼지면서 결국 경제 위기를 맞는다는 것이다. 이 가설은 석유 자금을 바탕으로 흥청거리던 아랍에미리트의 두바이가 2004년 818미터짜리 세계 최고층 버즈 두바이를 짓기 시작했다가 2008년 이후 세계 금융 위기가 닥쳐 두바이경제도 휘청거리면서 새삼 각광을 받았다.

막강 莫强;

없을 막 / 굳셀 강

이보다 더 강할 수는 없다

더 강한 사람이나 물건이 존재하지 않는다면

중국 사람들은, 특히 문인은 과장이 심하다고 한다. 시선(詩仙)이라 불리는 당나라 때 시인 이백의 〈여산 폭포를 바라보며(望廬山瀑布·망여산폭포)〉란 시에는 '비류직하삼천척(飛流直下三千尺)'이란 구절이 있다. 폭포를 두고 "물이 날려 곧바로 떨어지는 것이 3,000척이나 되네"라고 노래한 것인데, 이것을 요즘 말로 하면 순 뻥이다. 1척이 대략 30센티미터이니 3,000척이면 약 900미터다. 세계 최대 폭포라는 브라질의 이구아수 폭포도 폭은 4.5킬로미터에 달한다지만 낙차가 겨우 70미터다. 물론 세계에서 낙차가 가장 큰 폭포는 남미 베네수엘라에 있는 앙헬 폭포로

979미터 높이에서 물이 떨어진다지만, 중국의 여산 폭포는 비교도 되지 않는다.

그러니 힘이 강한 사람을 묘사하는 데 중국 특유의 표현이 없을 리 없다. 기원전 3세기 진나라 말기에 천하를 놓고 유방과 다툰 항우의 힘은 '역발산기개세(力拔山氣蓋世)'라 했다. "힘은 산을 뽑고 기운은 세상을 덮는다"는 뜻이니, 과장도 이 정도면 예술이다. '만부부당(萬夫不當)'이란 말도 있다. "1만 명의 남자가 당하지 못할 정도로 강하다"는 뜻이니 슈퍼맨도 이런 슈퍼맨이 없다.

현실적으로 가장 강한 사람은 '막강(莫强)'한 사람이다. 더 강한 사람이나 물건이 없을 때 막강하다고 한다. 막강은 '없을 막(莫)'과 '굳셀 강(强)'이 합쳐진 말로, 본래 더는 강한 것이 없다는 뜻의 '막강언(莫强焉)'의 준말이다. 여기서 '언(焉)'은 우리말로 치면 '어찌', '이보다'란 비교를 나타내는 말로 보면 된다.

그런데 '없을 막(莫)'은 뜯어보면 묘하다. 풀(艹·초)에는 해(日·일)보다 큰(大·대) 영향을 주는 것이 없음을 나타내지만, 원래 해가 지다 또는 저녁을 뜻하는 데 많이 쓰였다. 그것이 사라지다란 뜻으로 넓어지고, 다시 없다란 뜻도 갖게 되었다. 거스를 것이 없을 정도로 친한 관계를 '막역(莫逆)'한 사이라 하고, 더 말할 것도 없는 '막론(莫論)', 가장 중요하다는 '막중(莫重)'에 쓰이는 이유다.

문외한 門外漢;

문 문 / 바깥 외 / 사내 한

성문 밖에 있으니 안 사정을 알 수 없다

특정 분야에 대한 전문적 지식이 부족한 사람

사람이 모든 것을 알거나 뭐든지 잘할 수는 없다. 천재라 해도 특정 분야에서 남다르게 뛰어난 재능을 발휘할 따름이다. 예를 들어 미국 농구 사상 가장 뛰어난 선수라는 '농구 천재' 마이클 조던만 해도 은퇴한 뒤 골프에 도전했다가 실패했다. 음악 신동 모차르트 역시 일찌감치 작곡에 천재성을 발휘했지만 돈 관리 등 다른 분야에서는 서툴러 말년을 비참하게 보냈다.

우리 교육 환경은 학생들에게 국어 · 영어 · 수학은 물론 음악과 체육까지 모든 것을 잘하도록 몰아붙이지만, 현실적으로 모든 일에서 완벽한 사람은 없다. 이처럼 누구나 많은 일에 서툴 수밖에 없다. 이럴 때 쓸 수 있는 표현이 '문외한(門外漢)'이다. 어떤 일에 전문적 지식이 없는 사람을 가리키는 이 말은, 글자 그대로는 문밖에 있는 사내를 일컫는다. '문 문(門)', '바깥 외(外)', '사내 한(漢)'이 합쳐진 낱말이니 말이다.

먼저 '사내 한(漢)'은 원래 '한수 한'이라 해서 중국 산시 성 영강 현에서 시작된 강을 가리키는 말이다. 이 강 유역에서 유방이 일으킨 나라가 한나라이므로 '나라 한'이라고도 하는데, 중국을 두 번째로 통일한 이 나라가 중국 역사의 기틀을 마련했기에 '한자(漢字)' 등 중국을 대표하는 낱말에 두루 쓰인다. 또한 중국인을 가리키는 데 쓰이다가 사나이란 뜻도 갖게 되었다. 거동이나 차림새가 수상한 사내인 '괴한(怪漢)', 여자를 괴롭히거나 희롱하는 남자인 '치한(癡漢)'에도 그런 뜻으로 쓰인 것이다.

그렇다면 문밖이란 어느 문을 말하는 것일까? '문 문(門)'은 문 두 짝이 있는 모습을 그린 글자인데, 여기서 문은 성문(城門)을 뜻한다. 성 바깥에 있는 사람은 자연히 문 안의 사정을 알 수가 없다. 그래서 "(공부만 하느라) 컴퓨터게임엔 문외한인데요"라든가 "처음엔 누구나 문외한이었다"란 식으로 쓰이게 되었다.

예전에는 성안과 성 바깥에 대한 인식이 많이 달랐던 모양이다. 이러한 인식은 '청야(淸野) 전술'에서도 엿볼 수 있다. 청야는 '견벽청야(堅壁淸野)'의 준말로, 성 밖의 식량 등 적군이 이용할 만한 물자를 모조리 없애고 성을 굳건히 지키면서 적군이 지치기를 기다려 공격하는 전술이다. 고구려 을지문덕 장군이 612년 수나라 30만 대군을 물리치면서 이 청야 전술을 구사했던 것으로 유명하다.

밀월蜜月;

꿀 밀 / 달 월

꿀같이 달콤한 시절

신혼의 행복이 얼마나 크면

이 낱말은 고유의 한자어가 아니다. 서양 문물이 들어오면서, 결혼 직후의 즐겁고 달콤한 얼마간의 시기를 뜻하는 영어 '허니문(honeymoon)'을 단어 뜻대로 옮긴 것이기 때문이다. 이것은 물리적으로 한 달, 즉 30일을 뜻하는 게 아니라 신혼여행 기간을 의미한다.

신혼여행 기간을 일컫게 된 허니문의 유래에 대해선 몇 가지 설이 있다. 꿀의 달콤함과 달빛의 낭만을 아우르며 신혼의 행복을 그린 것이란 설명이 유력하지만, 실은 신혼부부가 30일 동안 꿀을 발효한 꿀술을 마시던 독일의 옛 전통에서 비롯됐다는 설명도 있다.

어쨌든 허니문의 뜻을 그대로 옮긴 '밀월(蜜月)'은 '꿀 밀(蜜)'과 '달 월(月)'이 합쳐진 낱말이다. '밀(蜜)'은 벌레(虫·충)가 몰래(宓·밀) 감춰둔 것, 바로 꿀을 뜻하는 글자다. 이 말이 들어간 고사성어로 '구밀복검(口蜜腹劍)'이 있다. 문자 그대로 풀면 입안에 꿀을 물고 배에는 칼을 품는다는 뜻인데, 겉으로는 달콤한 말을 하지만 속으로는 해코지할 생각을 하거나 뒤에서 헐뜯는 말을 하는 이중인격자를 가리킨다. 중국 당나라 현종 때 재상 이임보는 역사에 남은 간신으로 황제의 비위를 맞추는 데 열중하며 국정을 전횡했다. 그는 직언을 하는 충신들을 좋은 말로 막았는데 무언가 생각에 잠긴 다음 날에는 죽어 나가는 신하들이 생겼을 정도였다. 이를 두고 "이공(李公)은 비록 얼굴은 웃지만 뱃속에 선 칼을 갈고 있다(口有蜜復有劍·구유밀복유검)"란 말이 돌았다. 이를 줄여 구밀복검이라 한다.

어쨌거나 신혼 기간을 일컫는 밀월은 그 의미가 확장되어 서로 사이가 좋은 관계를 가리키는 데도 쓰인다. "중국이 북한의 권력 세습을 비판하면서 중-북의 밀월 시대는 끝났다"고 하는 식이다. 정치에서는 대통령이나 총리 등이 취임한 뒤 야당이나 언론이 비판을 삼가고 어떤 정책을 펼지 호의적으로 지켜봐주는 기간을 가리켜 '밀월 기간'이라 한다. 미국의 경우 대통령의 밀월 기간은 관례상 100일로 쳐준다고 한다.

이 밀월이 바람직하지 못한 방향으로 발전하면 '유착(癒着)'이 된다. 대기업과 정치권이 짝짜꿍이하여 자기들 잇속만 차릴 때 쓰는 '정경유착(政經癒着)', 언론이 정부 여당에 대한 비판과 감시 기능을 잃고 무조건 칭송만 할 때 쓰는 '권언유착(權言癒着)'이 그것이다.

그런데 유착은 원래 의학 용어다. '나을 유(癒)'와 '붙을 착(着)'이 만나, 상처가 낫는 과정에서 잘못되어 서로 다른 조직이 엉겨 붙은 것을 가리키는 말이다. 병을 치료해 낫게 하는 '치유(治癒)'나 끈기 있게 붙는 '접착(接着)', 비행기 등이 땅에 내리는 '착륙(着陸)'에서 이들 글자를 만날 수 있다.

박차 拍車;

칠 박 / 수레 차

더 빨리, 더 잘하라고 신호를 주다

박차를 가하자니 어쩐지 불쌍하기도

요즘엔 할리우드 서부영화가 뜸하다. 정의의 사자와 악당이 맞서 싸우다 갖은 어려움을 겪지만 결국 정의가 승리하는 서부영화는 후련한 액션을 동반한 권선징악의 메시지를 담아 한때 엄청난 인기를 모았던 영화 장르다. 그랬던 서부영화가 위축된 것은 세상이 바뀐 탓이 아닐까 추측해본다.

예를 들면 미국사가 새롭게 조명되면서 더는 백인이 정의 편이고 인디언은 야만적이고 무자비하다고 그릴 수 없게 되었다. 이 '공식'이 상당 부분 통하지 않게 되면서 서부영화의 매력이 떨어졌다고 보아도 무방하다.

그런데 서부영화에는 명사수 보안관, 비열한 갱, 카우보이, 인디언과 함께 두 차(車)가 거의 빠짐없이 등장한다. 바로 마차(馬車)와 '박차(拍車)'다. 황량한 평원을 달리는 마차야 금방 생각나겠지만, 박차는 무엇일까?

미국 서부 개척 시대엔 말이 교통수단이었다. 당연히 영화의 등장인물들도 악당이든 주인공이든 말을 탔고, 인디언이 아니라면 오늘날 부츠 같은 목 긴 구두를 신었다. 이 구두 뒤끝을 보면 톱니 모양의 쇠붙이가 붙어 있는데, 이것이 박차다. 박차는 말의 배를 찔러 빨리 달리라는 신호를 하기 위한 도구였다. 그래서 "박차를 가하다"란 표현은 어떤 일을 빨리 또는 잘하도록 자극한다는 뜻으로 쓰인다. 예를 들면 "수능을 코앞에 두고 공부에 박차를 가하는 고 3 수험생들" 하는 식이다.

'박(拍)'은 손(扌·수)으로 무엇을 아뢰려고(白·백) 하는 모습을 담아 '칠 박'이라 한다. 지금도 사람들의 주의를 끌 때 종종 손뼉을 치는 경우가 바로 이 글자의 모습이다. 두 손뼉을 마주 치는 '박수(拍手)'에 바로 이 글자가 쓰인다. '차(車)'는 수레 모양을 본뜬 글자로 '수레 차(거)' 또는 '차 차'라고 하니, 스스로 움직이는 수레 곧 '자동차(自動車)'와 스스로 도는 수레 곧 '자전거(自轉車)'에 쓰인다.

한데 이제는 "박차를 가하다"라거나 달리는 말에 (빨리 달리도록) 채찍질한다는 뜻의 '주마가편(走馬加鞭)'이라는 말 대신 "액셀러레이터를 밟다"란 표현을 쓰는 게 마땅하다는 주장도 있다. 쇠붙이로 콕콕 찌르거나 채찍으로 때리다니 말이 불쌍하기도 하고, 이제는 자동차가 주요 교통수단이 되었으니 어찌 보면 맞는 말이긴 하다.

배우 俳優;

배우 배 / 우수할 우

마치 다른 사람인 양 행동을 꾸며 내어
연기하는 사람

웃기고 울리는 사람 맞네

연극이나 영화에서 등장하는 인물로 분장하여 마치 그 사람인 양 연기하는 사람을 '배우(俳優)'라 한다. 배우라 하면 흔히 영화배우를 떠올리기 쉽지만, 예전부터 다양한 형태의 연극이 무대에 올랐던 만큼 어제오늘 생긴 직업이 아니다.

한데 그 뿌리를 거슬러 올라가면 색다른 사실을 알게 된다. 요즘이야 배우들의 연기가 뛰어나서인지 한 사람이 비극이든 희극이든 가리지 않고 출연하는 경우가 많지만, 예전엔 연극뿐 아니라 무성영화 시대까지 희극 배우와 비극 배우의 구분이 분명했다고 한다.

'광대 배(俳)'는 맹랑한 몸짓으로 보는 사람들을 웃기는 사람, 그러니까 희극 배우를 가리킨다. 반면 '배우 우(優)'는 슬픈 모습으로 관객의 마음을 울리는 비극 배우를 가리키는 말이다. 그래서 연기인을 두루 일컫는 말로 배우란 말이 쓰이게 되었다.

글자를 뜯어보면 '배(俳)'는 아니라는 뜻의 '비(非)'에 사람(亻·인)이 붙은 모양이다. 즉 사람은 사람이되 실제가 아닌 행동을 꾸며내는 사람이란 뜻을 담고 있다. '우(優)'는 사람(亻·인)이 근심한다(憂·우)는 뜻이지만, 걱정만 하는 게 아니라 노력하면 우수해진다 해서 '우수할 우'로도 쓰이고, 근심하면 망설이게 된다 해서 '머뭇거릴 우'라고도 한다. 여럿 가운데 뛰어나다는 '우수(優秀)', 어물어물 망설이며 결단을 내리지 못하는 '우유부단(優柔不斷)' 등 여러 가지 표현에 쓰이는 까닭이다.

연극 문화가 절정에 이르렀던 고대 그리스에서 연극은 거의 국가적 행사라 할 만했다. 계단식 좌석에 1만 명 이상의 관객을 수용할 수 있는 대형 원형극장이 있을 정도였고, 연극 콘테스트도 치러졌다. 다만 초기 그리스 연극은 배역이나 대사 없이 남자 주인공 한 사람과 합창단이 주고받는 식으로 진행됐다.

그 연극에서 '데우스 엑스 마키나(deus ex machina)'란 무대 기법이 있다. '기계장치 신'이란 뜻인데, 이야기가 수습이 어려울 정도로 진행되어 나가면 극 후반에 일종의 기중기 같은 것에 탄 신이 나타나 초자연적 힘으로 매듭을 짓는 방식이었다. 인간의 힘이나 상식으로 해결하기 어려운 문제도 척척 풀어냈기에 데우스 엑스 마키나는 막무가내식 막장 결말을 가리키는 말로도 쓰인다.

백일장 白日場;

흰 백 / 해 일 / 마당 장

선비들이 낮 동안 모여 시재를 겨루고
학업을 장려하던 행사

밤에 모여 친목을 다지고 글솜씨를 다투던 망월장과 달리

같은 학교 학생들이 참여하는 교내 백일장, 주부들을 대상으로 하는 주부 백일장 등 글솜씨를 뽐내는 대회를 뜻한다. 백일장은 조선 시대에도 있었다. 당시 유생들의 공부를 장려하기 위해 각 지방의 유생들을 모아 시문(詩文)을 짓는 솜씨를 겨루게 한 행사를 곧잘 치렀는데, 이를 가리키는 말이다.

그런데 글과는 전혀 상관없어 보인다. '흰 백(白)', '해 일(日)', '마당 장(場)'으로 풀이하자면 햇빛이 비치는 마당이란 뜻이니 대회장을 가리킨다. 이유는 쉽사리 짐작이 간다. 수많은 선비들이 모여 글을 짓자면 당연히 집 밖 너른 곳이어야 했다. 한데 전기가 없던 옛날에는 해가 떠 있는 낮 동안에만 글을 지을 수 있었기에 이런 명칭이 붙었으리라. 그러니 비 오는 날 열리는 글짓기 대회는 엄밀히 말해 백일장이라 하면 안 되는 셈이다. 해를 못 보니 말이다.

물론 밤에 치러지는 글짓기 대회도 있긴 했다. 망월장(望月場)이라 해서, 밤에 선비들이 모여 친목을 도모하고 글솜씨를 다투던 행사였다. '바랄 망(望)'에 '달 월(月)', 즉 달을 바라보는 장소에서 열린 행사란 뜻이다.

그런데 백일장은 과거와 좀 달랐다. 백일장이 지역 선비들이 모이는 일종의 잔치였다면, 나라의 관리를 뽑기 위한 과거는 요즘 고시(考試) 열기는 저리 가라 할 정도로 치열했다. 예를 들면 시험장에서 응시생들을 위해 자리를 잡아주는 선접꾼이란 사람이 있을 정도였다.

과거 시험장인 과장(科場)에는 지정된 자리가 없어 먼저 앉는 사람이 임자였다. 그러니 시험 문제가 적힌 현제판(懸題板)을 빨리 볼 수 있고 (옛날 시험지는 인쇄물이 아니었다) 답안 제출에 유리한 자리를 차지하려고 다툼이 벌어질 수밖에. 이때 권세 있는 응시자들은 과거 전날 문 밖에서 대신 밤새워 기다리거나 심할 경우 치고받기까지 하면서 좋은 자리를 잡아주는 이들을 부렸으니 이들을 선접꾼이라 불렀다.

부정행위도 있었단다. 과장에 책을 몰래 들고 들어가는 협서(挾書)는 물론이고, 답안지를 대신 써주는 거벽(巨擘) 등 수법도 다양했다. 한편 거벽의 '벽(擘)'은 엄지손가락이란 뜻으로, 큰 엄지를 의미하는 거벽은 본래 학문이나 전문 분야에서 뛰어난 사람을 가리키는 말인데, 오늘날 족집게 과외 선생과 비슷하다고나 할까?

시위 示威;

보일 시 / 위엄 위

군중이 한뜻으로 의사를 내비치다

위력 아닌 위엄을 보이는 건데

항의나 찬성의 뜻을 나타내기 위해 많은 사람들이 모여 같은 행동을 취하는 것, 흔히 데모라고 하지만 우리말로는 '시위(示威)'다. 촛불 시위나 침묵시위 등에서 볼 수 있는 이 말은 시위운동의 준말이라고 하며, '보일 시(示)'와 '위엄 위(威)'가 합쳐진 낱말이다.

'시(示)'는 하늘과 땅(二 · 이)에 작은(小 · 소) 기미가 나타나는 것을 뜻하는 글자다. 그래서 모범을 보인다는 '시범(示範)', 넌지시 알려주는 '암시(暗示)'에 쓰인다. '위(威)'는 뜯어보면 재미있는 뜻이 담겼다. 개(戌 · 술)가 여자(女 · 여)처럼 약한 자를 보고 으르렁

대는 모습을 그렸으니, 본래 뜻으로 보자면 점잖고 엄숙한 '위엄(威嚴)'이나 힘으로 으르고 협박하는 '위협(威脅)'과는 좀 거리가 있는 글자다.

시위를 뜻하는 영어 표현 데모는 'demonstration'을 줄인 말이다. 이 단어에 쓰인 접두사 'demo'는 사람이나 인구와 관련된 단어에 쓰이며, 대표적인 것이 민주주의(democracy)다. 'cracy'는 정부, 통치, 정치 이론 등을 뜻하기에 'democracy'는 말 그대로 민중에 의한 지배란 뜻이다. 참고로 'bureaucracy'는 관료주의, 'aristocracy'는 귀족정치, 'plutocracy'는 금권정치란 뜻이다. 'autocracy'는 '자신'이나 '저절로'란 뜻의 접두사 'auto'와 'cracy'가 만나 독재정치 또는 전제정치를 일컫는다(자동차를 뜻하는 'automobile'은 혼자 움직이는 탈것이란 뜻이다).

위력이나 기세를 떨쳐 보인다는 뜻의 시위는 보통 주동자가 있고, 군중심리에 휩쓸려 의도치 않게 격렬한 행동이 동반되는 경우가 많다. 하지만 21세기에는 변한 모습을 보이고 있다. 페이스북 등 SNS를 통해 특별한 조직 없이 이심전심으로 모인 군중이 한뜻으로 의사를 표명하는 경우도 생겼다.

이른바 '재스민 혁명'이 그렇다. 2010년 말 아프리카 튀니지에서 시작된 아랍의 민주화 운동은 당초 특정한 지도자나 조직이 주도한 것은 아니었다고 본다. 이처럼 IT 시대의 시위는 '조직 없는 조직력'이 발휘되는 추세를 보인다.

또한 노래 실력이나 소프트웨어의 장점을 맛보기로 보여주기 위한 '데모 테이프'나 '데모 파일'은 물리적 힘을 동원하지 않는, 21세기의 또 다른 시위 형태라 하겠다.

아성 牙城;

어금니 아 / 성 성

주요 세력이 자리한 굳건한 터전

강한 장수가 머무르니 쉽게 무너지지 않는다

"아이폰의 아성 무너지나?" 삼성전자나 중국의 샤오미가 신제품 스마트폰을 내놓으며 선두 주자인 미국 애플사에 도전할 때 이런 표현을 쓸 수 있다. 이때 '아성(牙城)'은 굳건한 터전을 뜻한다. 쉽게 무너지지 않는 자기만의 영토라고나 할까?

그런데 글자를 곰곰 뜯어보면 이상하다. 적을 막으려고 흙이나 돌 따위로 높이 쌓아 만든 담 또는 그런 담으로 둘러싼 구역을 뜻하는 성(城)이야 그렇다 쳐도, 아(牙)는 이 가운데 가장 큰 어금니를 뜻하기 때문이다. 그러니 아성을 문자 그대로 풀면 어금니 성이다. 어금니 성? 이 말이 어떻게 지금 같은 뜻을 갖게 되

었을까?

흙이나 돌로 지은 옛날 성들은 공격에 약했다. 여기서 어금니처럼 단단해서 잘 무너지지 않는 튼튼한 성을 '아성'이라 했다는 설명도 있지만, 실은 깃발에서 온 말이다. 옛날에 지휘관인 장수는 상아 조각으로 깃대를 장식한 깃발을 자신이 거처하는 성에 세우곤 했다. 그 상아로 장식한 깃발을 아기(牙旗)라 했기에 아기가 휘날리는 성은 아성이 되었다. 대장이 머물고 있으니 자연히 강한 부대가 있고, 방어력도 뛰어날 테니 쉽게 공격할 수 없었다. 이렇게 해서 '난공불락(難攻不落)', 즉 공격하기 어려워 쉽게 함락되지 않는다는 뜻으로 아성이란 표현이 쓰이게 되었다.

여기서 '아(牙)'는 코끼리의 어금니, 즉 상아(象牙)를 본뜬 글자다. 한데 실제 상아는 어금니가 아니란다. 코끼리의 위턱 송곳니가 몇 미터에 이르도록 자란 것이니까 실은 '어금니 아'가 잘못 쓰인 경우라 하겠다.

상아는 가벼우면서도 적당히 단단하고 모양을 만들기도 쉬워 19세기에 플라스틱이 등장하기 전까지 피아노, 단추 등 여러 가지 장식품을 만드는 데 쓰였다. 특히 탄성이 좋아 당구공 재료로 인기였는데, 상아 당구공이 워낙 비싸 그 대체품을 찾으려는 노력이 플라스틱의 발명을 촉구했다는 이야기도 있다. 정말로 그렇다면 당구 팬들이 코끼리의 멸종을 막은 공로자라 할 수 있다.

한편 아성과 비슷한 철옹성(鐵甕城)이란 말은 문자 그대로 쇠(鐵·철)로 만든 항아리(甕·옹)처럼 단단한 성(城)을 뜻하며, 방비가 튼튼해 쉽게 무너지거나 깨지지 않는 사물을 가리키는 데 쓰인다.

와해 瓦解;

기와 와 / 풀 해

기왓장이 깨지니 지붕이 제구실을 못 하다

산산이 무너지고 흩어지다

"리더십이 와해됐다"거나 "김정은 정권이 와해되어가는 징조"란 말을 들을 수 있다. 여기서 '와해(瓦解)'는 조직이나 계획 따위가 산산이 무너지고 흩어진다는 뜻이지만, 문자 그대로 풀면 기와가 깨진다는 말이다. '와(瓦)'는 지붕에 겹쳐놓은 기와 모양을 본뜬 문자로 '기와 와'라 하며, '해(解)'는 칼(刀·도)로 소(牛·우)의 뿔(角·각)부터 갈라 해부하는 걸 가리키는 글자로 '해부할 해' 또는 '풀 해'라고 한다.

이처럼 기와가 조직이나 계획이 무너지는 데 쓰이게 된 이유에 대해 두 가지 설명이 있다. 기와는 돌과 달리 잘 부서진다. 그리고 돌은 부서져도 여전히 돌이지만, 기와는 다르다. 흙을 구워 만든 탓에 잘 부서지고, 부서지고 나면 아무것도 아니다. 기와로서 구실을 못 한다는 의미다. 또 지붕을 덮은 기와가 깨진다는 것은 집이 무너진다는 뜻이다. 여기서 기와가 깨진다는 뜻의 와해가 조직이 해체되거나 계획이 무산됨을 상징하는 말로 쓰였다는 설명이 나온다.

나머지 하나는 좀 다르다. 지붕에 얹는 기와를 자세히 보면 그 모양이 좀 다르다. 젖혀놓는 암키와와 엎어놓는 수키와가 맞물려 지붕을 덮는다. 그러니 기와 하나를 들어내면 이와 맞물린 다른 기와들도 덩달아 들춰져 지붕을 덮은 기와가 다 해체된다. 여기서 와해란 기와가 깨지는 게 아니라 지붕의 기왓장이 해체되어 지붕 구실을 못 하게 됨을 가리키는 말이란 설명이다.

굳이 고르자면 두 번째 설명이 더 설득력 있어 보인다.

지붕을 덮는(蓋·개) 토기라는 뜻으로 '개와'라고도 하는 기와는 인류 주거 역사에서 아주 오래전에 등장했다. 서양에서는 고대 그리스 시대 신전에 대리석 기와를 사용했으며, 로마 시대에는 돌기와와 청동 기와가 사용되기도 했다. 고대 중국에는 "하나라 때 곤오 씨가 기와를 만들었다"는 기록이 있고, 3,000년 전 주나라 때 기와가 남아 있을 정도다. 우리나라는 기원전 2~1세기경 낙랑 시절에 흙을 구워 만든 기와를 얹은 목조건물이 처음 등장했다고 한다.

한편 와해가 들어간 사자성어로 '빙소와해(氷消瓦解)'가 있는데, 얼음이 녹고 기와가 산산조각 나듯 자취도 없이 사라짐을 뜻하는 말이다.

점심 點心;

점 점 / 마음 심

마음에 점을 찍듯 간식 삼아 때우는 끼니

아침과 저녁 사이의 가벼운 식사. 우리말로 새참?

아마도 우리 민족은 하루 세 끼를 먹는 식생활이 아니었던 모양이다. 아침과 저녁은 순 우리말로 시간을 가리키면서 동시에 끼니를 뜻하기도 하는데, 유독 '점심(點心)'만 우리말 대신 한자어를 쓰니까 말이다.

낮에 먹는 끼니를 뜻하는 점심은 '점 점(點)'과 '마음 심(心)'으로 이뤄진 낱말로, 말 그대로는 마음에 찍는 점이다. 끼니를 뜻하기에는 영 엉뚱해 보이는 이 말은 불교에서 비롯되었다. 참선을 위주로 하는 불교 선종(禪宗)에서 선승들이 수도를 하다가 배가 고플 때 마음에 점 하나를 찍듯이 간식 삼아 먹는 음식을 가리키는 말이 바로 점심이었다. 대체로 아침과 저녁 사이에 먹으면서 낮에 먹는 끼니를 뜻하게 되었으니, 원래 간단히 조금 먹는 음식이었다. 그러니 점심의 본뜻은 우리말 '새참'에 가깝다 하겠다. 일하는 중간에 가볍게 먹는 음식이 새참이니 말이다. 어쨌거나 요즘처럼 체중 조절을 위해 점심을 충실히 먹고 저녁 8시 이후에는 아무것도 먹지 말라는 것은 점심의 본뜻에 어긋난다 하겠다.

이때 '점(點)'은 검게(黑·흑) 차지한(占·점) 부분이란 뜻을 담은 글자다. 또 점을 찍어가며 일일이 챙긴다는 뜻도 있어 '점검할 점'이라고도 한다. 그래서 점수를 올리는 '득점(得點)'이나 태양의 '흑점(黑點)'에 쓰이지만, 낱낱이 검사하는 '점검(點檢)'에서도 볼 수 있다. '심(心)'은 심장 형태를 본뜬 글자로 착한 마음이란 '양심(良心)', 도시의 중심부인 '도심(都心)' 등 마음 또는 한가운데란 뜻을 가진 낱말에 두루 쓰인다.

참고로 점심의 의미로 종종 쓰이는 중식(中食)이란 표현은 아침과 저녁 사이에 먹는다는 뜻이긴 하지만, 일본식 표현이라니 되도록 쓰지 않는 편이 좋겠다.

그런데 우리 생활 습관이 서양화됨에 따라 점심이라는 표현 대신 영어 'lunch'가 쓰이면서 현대 도시 생활을 반영해 다양한 변형이 나타났다. '아침식사(breakfast)'와 '점심(lunch)'이 합쳐져 오전에 아침 겸 점심으로 먹는 '브런치(brunch)'란 말이 생겼고, '런치투어(lunch tour)족' 또는 '점심시간족'이라 해서 점심을 거르거나 간단히 먹고 공부, 운동, 쇼핑 등 개인적 볼일을 보는 직장인들을 가리키는 말도 나왔다.

그렇다면 점심과 저녁 사이에 먹는 식사는 영어로 뭘까? 던치(dunch)라 한단다. 저녁 식사(dinner)와 점심(lunch)의 합성어라나.

태엽 胎葉;

아이 밸 태 / 잎 엽

태아에게 영양을 공급하는 탯줄처럼
기계에 생명을 불어넣는 쇳조각

탄성을 동력원으로 쓰는 유용한 도구

눈에 잘 띄지 않거나, 설사 보인다 해도 그 가치를 잘 모르고 무심코 넘어가는 것들이 우리 주변에 적지 않다. 예를 들어 바퀴가 그렇다. 그 동그란 바퀴가 인류 문명에 기여한 공은 이루 말할 수 없을 정도다.

얇고 긴 강철 띠를 돌돌 말아 그 풀리는 힘으로 시계 따위를 움직이게 하는 장치인 '태엽(胎葉)' 역시 문명이 발달하는 데 크게 기여한 숨은 공신이다. 태엽을 감을 때 금속 띠에 축적되는 탄성에너지는 증기나 전기 같은 동력원이 없던 시절 꽤 유용했기에 태엽은 매우 쓸모 있는 기계장치였다.

돌돌 말린 코일 형태의 태엽은 15세기 초 유럽에서 등장했는데, 독일의 자물쇠공 페터 헨라인이 이것을 이용해 회중시계를 만들었다. 해나 물, 그리고 별을 이용해 시간을 재던 시절에서 벗어나 늘 기계적으로 시간을 측정하게 되면서 일어난 사회 변화는 지금으로선 짐작도 할 수 없을 만큼 컸다. 전자시계가 유행하면서 이제는 시계를 분해해본다 해도 태엽을 볼 수 없는 경우가 많지만, 태엽은 다양한 기구와 기계에 활용되며 사람의 힘을 덜어줬다.

한자 문화권에 소개된 '스프링(spring)'은 뜻밖에도 '아이 밸 태(胎)'에 '잎 엽(葉)'을 함께 써 표기되었다. '태(胎)'는 뱃속 아이에게 영양을 공급해주는 탯줄 모양을 닮았다 해서, '엽(葉)'은 쇳조각이란 의미를 담아 새롭게 만든 용어다. 엽은 원래 나무(木·목) 위에 세대(世·세)마다 풀(艹·초)처럼 나는 것, 즉 나뭇잎을 상징하는 글자다. 생명의 고귀함이 차디찬 기계 부속과 연결된 경우라 그 상상력에 눈길이 간다. 이것이 얼마나 인상 깊었는지 우리말에 "태엽이 풀렸다"는 관용적 표현도 남아 있다. 긴장이 풀려 몸과 마음이 느슨해지는 바람에 실수를 하는 경우에 쓰이는 속된 표현이다.

이 태엽과 비슷한 것이 용수철(龍鬚鐵)이다. 용(龍)의 수염(鬚·수)처럼 생긴 철(鐵)이란 뜻으로, 늘어나고 줄어드는 탄력이 있는 나선형으로 된 쇠줄을 가리킨다. 탄력을 이용한다는 점은 같지만 띠가 아니라 선을 꼬았고, 돌돌 말린 게 아니라 길게 뻗어 있다는 점이 태엽과 구별된다. 용을 묘사한 동양화에서는 입가에 꼬불꼬불한 수염이 있는 모습을 볼 수 있는데, 이 수염을 닮았다 해서 용수철이란 이름이 붙었다.

후보 候補;

기다릴 후 / 채울 보

어떤 지위나 신분에 오를 자격이 있어
빈자리에 채워지길 기다리는 사람

바라보며 기다리는 사람

'기후'와 '후보'에 같은 한자 '후(候)'가 쓰인다면 뜻밖으로 여길지 모르겠다. '기후(氣候)'는 장기적으로 기온과 날씨의 변화를 아우르는 낱말이며, '후보(候補)'는 선거에서 어떤 지위에 오르려고 나선 사람 또는 경기에서 어떤 직위에 오를 자격이 있는 사람을 뜻하니 말이다.

그런데 이유가 있다. 한자도 영어와 마찬가지로 우리말로 옮길 때 다양한 뜻을 갖기 때문이다. '후(候)'는 과녁(侯·후)을 화살로 뚫으려고(丨·곤) 이리저리 살피는 모습을 그린 문자로, 기본적으로는 '물을 후'라 하지만 '기다릴 후'나 '조짐 후'라고도 한다.

또 중국에선 1년을 15일 간격의 기(氣)와 5일 간격의 후(候)로 구분해 24절기 72후로 나눴다. 그러므로 기후의 '후'는 공기 흐름의 조짐이란 뜻이라 할 수도 있고, 1년을 가리키는 말일 수도 있다.

후보는 다르다. 여기서 '후'는 바라보다란 뜻에서 기다리다란 뜻으로 변했다. '기다릴 후'와 '채울 보(補)'가 만난 후보는 원래 (관직 등의 빈자리에) 채워지기를 기다리는 사람이란 뜻이었다. 그것이 대통령 후보, 금메달 후보같이 쓰이게 되었다.

'보(補)'는 옷(衤·의)에 난 큰(甫·보) 구멍을 메운다는 뜻을 담아 '기울 보', '채울 보'라 한다. 빠진 강의를 채우는 '보강(補講)', 몸의 기력을 보충해주는 '보약(補藥)' 등에 쓰인다. 후보와 관련된 낱말에도 쓰이는데, 임기 중 자격을 상실하거나 사망한 의원 등의 빈자리를 채우는 '보궐(補闕)선거'가 그것이다.

이처럼 당초 대기자란 뜻이 강했던 '후보'는 경쟁의 의미가 더해지면서 여러 가지 낱말과 인연을 맺는데, 대표적인 것이 '출마(出馬)'다. '날 출'과 '말 마'가 합쳐진 출마는 원래 (장수가) 말을 타고 나가 싸운다는 뜻이었으나, 선거 등에 입후보하여 상대와 자리를 다툰다는 뜻으로 바뀌었다.

그런데 이 같은 경쟁을 말(馬·마)에 비유한 표현이 서양에도 있으니, 바로 '다크호스(dark horse)'다. 'dark'는 본래 검다는 뜻이지만 경마에서 다크호스는 일반에게 실력이 확인되지 않은 비밀의 말을 의미했고, 선거나 스포츠에서 뜻밖의 결과를 빚을 수도 있는 잠재력을 가진 '후보'를 뜻하게 되었다. "이번 겨울 배구 리그에서 전통의 강자를 위협할 다크호스는 세계적 선수를 영입한 한국전자다"라는 식으로 쓰인다.

일본식 한자어

몇 년 전 텔레비전 사극을 보면서 고개를 갸웃한 일이 있다. 조선 시대였는데 궁녀가 "단도리를 해야 한다"고 말하는 것 아닌가. '단도리(だんどり)'는 준비 또는 채비란 뜻의 일본식 한자어 단취(段取)를 일본어로 읽은 것이다. 그러니 조선 시대엔 쓰일 수 없는 말인데, 드라마 작가가 우리말로 착각했던 모양이다.

이처럼 일본 말은 우리 곁에 수두룩하다. 이는 일제 식민지 잔재이니 당연히 털어내야 마땅하다. 한데 마냥 사용하지 않을 수만은 없는 사정이 있다. 사회(社會), 경제(經濟) 등 일본에서 만들어진 한자어를 막무가내로 빼버리자면 오늘날 우리 사회는 소통이 안 될 지경이기 때문이다.

이는 동양에 없던 서구 문물을 들여오는 데 일본이 한 발 앞섰기 때문이라는 부득이한 측면이 있다. 《번역어 성립 사정》(2003, 일빛)이란 책을 보면, 개화기 때 일본 학자들이 영어 'society'를 사회(社會)로 옮기느라 고심하는 과정이 여실히 드러난다. 개인(個人), 연애(戀愛) 등도 마찬가지다. 근대화에 앞선 데다 일본 특유의 조어(造語) 능력 때문에 해방 이후에도 이런 추세는 일정 부분 지속된 것이 사실이다.

어쨌거나 이제는 우리말 표현으로 대체하고, 제대로 된 영어식 표현을 갖추는 방식으로 일본식 한자어를 되도록 배제해야 옳다. 언어는 사상과 감정을 표현하는 도구이기 때문이다. 그런 의미에서 삼가야 할 일본식 한자어를 몇 들어둔다.

'단수정리(端數整理)'란 말이 있다. 계산 편의를 위해 반올림 등을 사용해 끝수를 일정하게 한다는 뜻으로 쓰이는 회계 용어인데, 이게 일본식 한자어다. 굳이 단수정리를 쓸 게 아니라 끝수 정리, 우수리 정리란 우리말을 쓸 수 있다.

"일응 타당한 제안으로 보인다"에서 보듯 우선 또는 일단이란 뜻으로 종종 쓰이는 '일응(一應)'도 일본식 한자어다. 사회 지도층 인사들이 공식 발언에서 쓰는 이런 어색한 한자어는 완전히 배격해도 우리 언어생활에 아무런 지장이 없어 보인다.

버젓이 국어사전에 올라 있는 말도 있다. 신분이 높거나 권력이나 명예 따위를 가지고 있는 사람이 모여 있는 것을 비유적으로 일컫는 '기라성(綺羅星)'이 그렇다. '비단 기(綺)', '벌릴 라(羅)', '별 성(星)'이 만난 낱말이라 밤하늘에 반짝이는 무수한 별들을 나타내는 그럴듯한 말 같지만, 사실 별이 반짝이는 모양을 표현한 일본어 '기라(きら)'를 한자로 옮긴 것일 따름이다. 그러니 "올스타전에는 기라성 같은 역대 스타들이 출전한다" 같은 문장은 "쟁쟁한 역대 스타들이 출전한다" 식으로 표현하는 것이 적어도 민족 자존심을 살리는 일이라 여겨진다.

여러 대상 가운데 특정한 것을 가려서 좋아한다는 뜻인 '선호(選好)'란 표현 역시 못마땅하긴 마찬가지다. "남아 선호 풍조"니 "요즘 취업 준비생들은 공무원을 선호한다" 등으로 쓰이지만, 이 역시 일본식 한자어다. 일본어 '에리고노미(えりごのみ)'에 맞춰 쓴 이 말 역시 버젓이 국어사전에 실려 있다. 그 정도로 우리 일상생활에서 많이 쓰이기에 벌어진 현상이라 이해되긴 하지만, 적어도 일본식 한자어니 사용을 자제하자는 단서를 붙여야 하지 않을까?

'단초(端初)'도 삼가야 할 일본식 한자어의 대표라 할 수 있다. 공연히 무게를 잡으려는 언론인이나 지식인들이 자주 쓰는 이 표현은 엄연히 실마리라는 우리말, 기왕에 쓰던 단서(端緖)란 한자어가 있으니 말이다.

중국식 한자어나 일본식 한자어나 무슨 차이가 있느냐 하면 대답하기 쉽지 않다. 하지만 민족적 자긍심을 지키기 위해서라도 이 같은 일본식 한자어는 되도록 우리말 표현으로 바꿔 써야 한다는 데는 많은 이들이 공감할 것이다.

해이는 '풀 해(解)'와 '늦출 이(弛)'가 만난 낱말로, 본래는 활시위를
느슨하게 한다는 의미다. 화살을 걸어 쏘는 시위(활줄)를 평소 팽팽하게 해놓으면
모시풀이나 삼 등을 꼬아 만든 시위가 늘어져 탄성을 잃음으로써 쏘는 힘이 약해진다.
그래서 활을 쏘지 않을 때는 시위를 늦춰놓았는데, 이를 '해이'라 한 데서
긴장이나 규율 등이 풀려 느슨해진 마음 상태를 가리키는 말로 쓰인 것이다.

한자어, 모습을 상상하면 단번에 외워진다

5

뜻을 풀어 봐도 잘 외워지지 않는 한자어들이 있다.
한자어 형성 모습 및 한자어가 나타내는 이미지와 함께 익히면
절대 잊지 않는다.

견제 牽制;

끌 견 / 누를 제

고삐로 소를 다루듯 자유로운 행동을 방해하다

주의를 끌어 멋대로 행동하지 못하도록 누르다

야구를 보면 투수가 포수에게 공을 던지는 대신 1루에 자꾸 던지는 것을 볼 수 있다. 1루에 발 빠른 주자가 있을 때다. 주자가 스스로 뛰어 2루로 가는 것, 즉 도루를 막기 위해서다. 이럴 때 던지는 공을 견제구라 하고, "투수가 1루 주자를 견제하고 있다"고 한다.

'견제(牽制)'는 일정한 작용을 가함으로써 상대편이 지나치게 세력을 펴거나 자유롭게 행동하지 못하게 억누른다는 뜻이다. 검은(玄·현) 고삐로 묶어(冖·멱) 소(牛·우)를 끄는 모습을 그린 '끌 견(牽)'과, 나뭇가지나 소 또는 천(巾·건)을 칼(刂·도)로 자른다는 뜻을 담은 '누를 제(制)'가 만난 낱말이다. 그러니 글자 그대로 풀면, 주의를 끌어 멋대로 행동하지 못하도록 누른다는 뜻이겠다.

'끌 견'은 불법으로 주차된 차를 끌어가는 '견인차(牽引車)'나 칠월 칠석에나 만나는 슬픈 연인들 '견우직녀(牽牛織女)'에서 볼 수 있다.

'누를 제'는 도덕, 법률 따위의 규범이나 사회구조의 체계를 뜻하는 '제도(制度)', 조건을 붙여 내용을 제한한다는 '제약(制約)', 세력이나 기세 따위를 억눌러서 통제한다는 '제압(制壓)' 등으로 자주 쓰인다.

견제와 달리 '하라'고 부추기는 경우도 있다. 어루만지고 잘 달래어 시키는 말을 듣도록 하는 회유(懷柔)나, 주의나 흥미를 일으켜 꾀어낸다는 유인(誘引)이 그런 경우다. 견제와 반대로 사람의 마음을 조종하는 법이다.

좋은 예가 있다. 자라를 키우려고 작은 연못에 넣어놓으면 자꾸 밖으로 기어 나와 도망친단다. 그런데 자라를 연못 가까이에 내려놓아 제 발로 물을 찾아 들어가게 하면 절대 연못 밖으로 도망치지 않는다고 한다. 공부를 하라고 강요만 할 게 아니라 공부의 재미나 필요성을 스스로 깨닫게 하면 시키지 않아도 알아서 잘하지 않을까?

'넛지(nudge)'라는 영어도 이와 비슷하다. 원래는 팔꿈치로 쿡 쿡 찌른다는 의미인데, 어떤 일이나 행동을 하도록 슬그머니 권한다는 뜻을 갖게 되었다. 소비자들로 하여금 자신도 모르게 지갑을 열도록 유도하는 PPL(영화나 드라마 속 소품으로 노출시켜 제품을 알리는 마케팅 기법)이 대표적인 넛지다.

고무적 鼓舞的;

북 고 / 춤출 무 / 어미 적

북 치고 춤추며 용기를 북돋우다

음악은 위대하다. 사람의 마음을 움직이는 정도가 아니다. 젖소에게 들려주고, 식물에 들려줘도 놀라운 효과를 낳는다는 연구 결과가 있을 정도다. 그렇다면 인류의 시작부터 함께해온 것으로 추정되는 음악은 어떻게 시작됐을까?

인간의 심장 고동에서 비롯됐다는 설명이 가장 유력하다. 두근두근하는 데서 뭔가를 두들겨 박자를 맞추는 타악기가 처음 등장했다고 본다. 그 타악기의 원조는 북이다. 북은 단순하면서도 인간의 원초적 본능에 가까워서, 흥을 돋우고 신호를 보내며 전장에서 병사들의 용기를 북돋우는 등 다양하게 쓰였다.

"수능을 앞두고 기말시험 성적이 오른 것은 고무적이다"처럼 쓰이는 '고무(鼓舞)'는 이 북에서 비롯됐다. '북 고(鼓)'는 악기를 좋게(吉·길) 받쳐놓은 모습을 본뜬 '악기 이름 주(壴)'를 갈라(支·지) 두드리는 데서 나온 글자다. '춤출 무(舞)'는 발을 정신없이(無·무) 엇갈리게 디디는 모습, 즉 춤추는 모습을 나타냈다(옛날에도 춤은 평소 걸음과 달리 어지간히 빠른 스텝을 밟았던 모양이다).

이렇게 합쳐진 고무를 문자 그대로 풀면, 북과 춤 또는 북을 치며 이에 맞춰 추는 춤을 가리킨다. 그런데 북을 치며 춤을 추면 어떤 일이 벌어질까? 흥이 난다. 보는 사람들도 어깨를 들썩이며 발로 장단을 맞추게 된다. 그래서 고무는 힘을 내도록 격려하여 용기를 북돋는 것을 일컫게 됐다.

이와 비슷한 말로 '고취(鼓吹)'가 있는데, 원래 북 치고 피리 분다는 뜻에서 역시 흥을 돋워 격려한다는 의미로 쓰인다. 여기서 '취(吹)'는 입(口·구)으로 하품하듯 입김을 부는 모양으로 '불 취'라 한다. "노래를 레코드에 취입(吹入)하다" 할 때 쓰이는 글자다.

덧붙이자면 형용사나 부사를 만드는 어미 '적(的)'은 본디 '과녁 적'이라 하지만, 실은 일본에서 온 의미 없는 말이다. 일본이 영어 단어에서 명사 뒤에 'tic'이란 어미가 붙은 형용사들을 옮기면서 '데키'라 발음되는 '적(的)'을 붙인 것이다. 'romantic'을 '낭만적'으로 옮긴 것이 좋은 예이다. 그러니 아무 말이나 '적'을 붙이는 언어 습관은 삼가야 한다.

굴지 屈指;

굽을 굴 / 손가락 지

손가락을 구부려 열까지만 헤아리다

엄지가 으뜸이라지만

언어에도 유행이 있다. 예전엔 한자어를 쓰면 유식해 보였다. 이제는 아니다. 가능하면 영어를 섞어 써야 있어 보인다. 프랑스어나 라틴어라면 더 지적으로 보인다. 바로 이런 현상을 두고 "언어 사용의 트렌드가 바뀌었다"고 한다.

그런 가운데서도 뜻있는 이들의 노력으로 우리말 표현이 조금씩 자리 잡고 있는 것은 반갑다. '손꼽다'나 '손꼽히다'란 표현도 그런 예다. 예전 같으면 무리에서 뛰어난 사물 또는 사람을 가리킬 때 '유수(有數)'나 '굴지(屈指)'라 표현할 것을 '손꼽다'나 '손꼽히다'라고 한다. "한국 유수의 작가", "세계 굴지의 대기업" 대신

"한국에서 손꼽는 작가", "세계에서 손꼽히는 대기업" 하는 식이다.

여기서 유수는 '있을 유(有)'와 '셀 수(數)'가 합쳐졌으니, 말 그대로 풀면 정해진 수가 있다는 뜻이다. 수많은 대상을 일일이 셀 필요도 없고, 셀 수 없는 경우도 있다. 그럴 때 몇몇 두드러지거나 뛰어난 대상만 꼽으니, 이를 유수라 한다.

굴지도 마찬가지다. '굽을 굴(屈)'은 나가려고(出·출) 몸(尸·시)을 구부린 형상을 나타내는 글자다. '손가락 지(指)'는 손(扌·수)으로 맛(旨·지)을 볼 때 쓰는 것을 가리킨다. 이 두 글자를 합쳐 문자 그대로 풀면, 손가락을 구부린다는 뜻이다. 손가락을 구부려 뭘 하는가? 하나, 둘 하고 세는 것이다. 그렇다면 몇까지 셀까? 손가락은 다 해서 열 개다. 성적, 크기 등 열까지 헤아리면 당연히 많고 많은 대상에서 뛰어난 것을 꼽게 된다. 그래서 굴지는 유수와 마찬가지로 잘난 것, 뛰어난 사람을 꼽는 표현으로 쓰였고, 이는 다시 손꼽히다라는 우리말 표현으로 바뀌게 되었다.

여기서 유의할 점이 있다. 언어 사대주의라고나 할까? '손꼽히다'에 비해 '굴지'와 '유수'는 더 넓은 범위에서의 순위를 나타낼 때 사용된다. 예컨대 "우리 학교에서 손꼽히는 모범생", "우리 동네에서 손꼽히는 맛집"이라고는 쓰지만 "우리 학교 굴지의 킹카"나 "우리 동네 유수의 빵집"이라고는 하지 않는다는 이야기다.

또 하나. 굴지의 본뜻은 서열 10위까지 가리키지만, 이제 랭킹

10위 정도는 굴지라고 표현하지 않는다. 1, 2위를 다툴 때, 아니면 적어도 5위 안에 들어야 적용되는 표현이다. 우리말로 하자면 "세 손가락 안에 드는" 또는 "다섯 손가락 안에 드는" 하는 식이다. 두 손, 그러니까 열 손가락으로 헤아리는 것은 귀찮아져서일까? 아니면 평가도 인플레이션이 된 것일까?

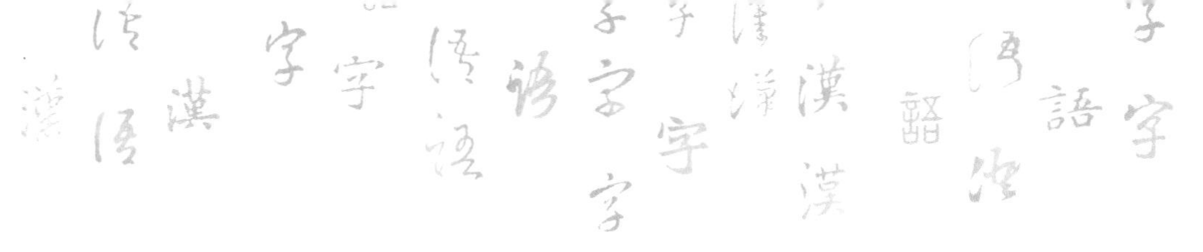

귀감 龜鑑;

거북 귀 / 거울 감

거울로 삼아 본받을 만하다

본보기가 된다는 것은

“안중근 의사의 삶과 신앙은 많은 천주교인에게 귀감이 되었다”고 한다. ‘귀감(龜鑑)’이 무슨 뜻일까? 글자만 보면 ‘거북 귀(龜)’와 ‘거울 감(鑑)’ 만나 본보기란 뜻과는 거리가 멀어 보인다.

우선 ‘귀’, ‘구’, ‘균’으로 읽히는 ‘龜’ 자는 거북을 뜻하는데, 어지럽게 갈라져 있는 거북 등을 나타낸다. 고대 중국에선 거북이 신성한 동물이었다. 소나무, 학, 사슴 등 죽지 않고 오래 산다는 십장생(十長生)에 속하기도 했지만, 거북 등껍질을 불에 구워 그 갈라지는 모양으로 사람의 장래나 운을 점쳤기 때문이다. 당연히 귀하게 여겼을 수밖에.

다음으로 자연과학이 발달하지 않은 시절 옛사람들이 거울을 얼마나 신기하게 여겼을지 상상해보자. 그런데 지금처럼 유리 뒷면에 수은 등을 입힌 거울을 만드는 것은 생각도 못 했다. 그래서 쇠를 반들반들하게 갈아 자신을 비춰보았다. '감(鑑)'은 엎드려(臥·와) 물이 담긴 그릇(皿·명)에 비춰본다는 '볼 감(監)'에 쇠(金·금)를 더해 쇠로 비춰보도록 만든 것, 즉 거울을 뜻하는 글자다. 여기서 귀감은 거울로 삼아 본받을 만한 본보기란 뜻을 갖게 됐다.

덧붙이자면 거북 등껍질로 점을 칠 때 쩍쩍 갈라진 모습은 '균열(龜裂)'이라고 일컫는다. 여기서 쓰인 '열(裂)'은 옷(衣·의)이 벌린(列·열) 듯하니 '찢어질 열'이라 한다. 찢어져 나뉜다는 '분열(分裂)', 교섭이나 회의에서 합의하지 못하고 각각 갈라선다는 '결렬(決裂)'에 쓰이는 글자다. '거울 감'은 예술 작품을 이해해 즐기고 평가하는 '감상(鑑賞)', 사물의 특성이나 진위 및 가치를 분별해 판정하는 '감정(鑑定)'에 쓰인다.

한편 귀감과 비슷한 한자어로 모범(模範)이 있다. 나무로 만든 틀을 뜻하는 모(模)와, 대나무로 만든 틀이란 뜻의 범(範)이 합쳐진 말이다. 먼저 만들려는 모양의 틀을 만든 뒤 재료를 넣고 찍어내면 똑같은 물건이 나온다는 데서 틀이나 본보기란 뜻으로 사용됐다.

기선 機先;

낌새 기 / 먼저 선

먼저 으름장으로 상대편의 기세를 꺾다

상대보다 앞서 가고자 하는 위협

사람이나 동물이 싸움을 벌이는 모습을 떠올려보자. 사람은 눈을 부릅뜨고 얼굴을 찌푸리며 목소리가 커진다. 개는 몸을 낮추고 갈기를 세우며 낮은 목소리로 으르렁거린다. 심지어는 공작새도 싸우기 전에 몸을 크게 보이려는지 꼬리를 활짝 펴고 볏을 꼿꼿이 세운다고 한다. 그런 것이 실제 싸울 때 무슨 도움이 될지 모르겠지만 말이다. 이 같은 '전략'은 대부분 동물에게서 볼 수 있다.

이는 상대방의 기세를 꺾으려고 위협을 가하는 몸짓이다. 이렇게 해서 '기선(機先)'을 잡으려는 것이다. '기(機)'는 본래 '베틀 기'

라 해서 '기계(機械)' 등에 쓰이는 글자다. 여기선 '기(幾)' 대신 쓰여 '낌새 기'라 한다. '기(幾)'는 병법에서 나온 글자다. 전쟁을 벌이기 전에 작디작게(幺·요) 보이는 창(戈·과)과 사람(人·인)이 얼마나 되는지 헤아린다는 뜻으로 몇, 기미, 낌새의 의미로 쓰이기 때문이다. 그러기에 몇십, 몇백이라는 뜻의 '기십(幾十)'과 '기백(幾百)', 곱절로 늘어나는 '기하급수(幾何級數)' 등에서 볼 수 있다.

'선(先)'은 소(牛·우)가 사람(儿·인) 앞에 가는 모습을 그린 글자로 '먼저 선'이라 한다. 앞서 태어나 아는 게 많아 가르치는 '선생(先生)', 돈을 먼저 내는 '선불(先拂)', 같은 분야나 학교에서 지위나 나이 또는 학예(學藝) 따위가 자기보다 많거나 앞선 사람인 '선배(先輩)'에서 이 글자가 보인다.

이런 두 글자가 합쳐진 기선은, 운동 경기나 싸움 따위에서 상대편 세력이나 기세를 억누르려고 먼저 행동하는 것을 가리킨다. 그렇게 해서 "기선을 잡다"나 "기선을 제압하다"는 표현이 나왔다.

그런데 여기서 기선을 제압하려는 행위를 곰곰 생각해볼 필요가 있다. 앞서 이야기한 개를 보자. 으르렁거리며 이를 드러내는 개는 사실 겁이 나서 그러는지도 모른다. 호랑이가 토끼를 잡을 때 위협을 가할까? 서양 속담에도 "짖는 개는 물지 않는다(Barking dogs seldom bite)"란 말이 있다. 요란한 것이 실속은 없다는 뜻이지만, 실제 두려움을 느낀 개가 서둘러 짖는 모습을 담았다고도 볼 수 있다. 그러므로 도로에서 사소한 차량 접촉 사고가 벌어져 다투는 운전자 가운데 얼굴을 붉히고 목청을 높이며 인상을 쓰는 사람은 기선을 제압하려는 의도일 수도 있지만, 사실은 도둑이 제 발 저려 그러는 것인지도 모른다.

날조 捏造;

꿰어 맞출 날 / 지을 조

꿰어 맞춰 지어낸 진실 같은 거짓

사실을 주물러 입맛에 맞추니

음모론이란 것이 있다. 어떤 현상이나 사건이 벌어졌을 때 겉으로 나타난 원인과 결과만 보지 않고 그 뒤에 더 커다란 힘이 작용한 음모가 있다고 보는 시각이다. 현대사회가 복잡해지면서 한 가지 원인만으로 일어나는 일이 드문 데다가 정보 쏠림 현상이 일어나 음모론은 갈수록 힘을 얻는 형편이다.

예를 들면 얼마 전 한 연예인이 음주운전으로 출연하던 여러 방송 프로그램에서 퇴출된 일이 있었다. 그러자 그 연예인을 아끼는 팬들을 중심으로, 특정 언론매체가 특종 기사를 얻으려고 음주운전을 하도록 유도 전화를 걸었다는 둥 경찰에 신고를 했다는 둥 여러 음모론이 나왔다. 심지어 그 연예인이 출연하는 프로그램을 못마땅하게 여기던 방송국에서 그 프로그램에 타격을 주려고 그런 일을 벌였다는 말까지 나왔다.

그중 어느 소문이 어디까지 진실인지는 모르겠지만, 사실이 아닌 나머지 부분은 지어낸 것이다. 이처럼 사실이 아닌 것을 사실인 듯 거짓으로 꾸미는 것을 '날조(捏造)'라 한다. '꿰어 맞출 날(捏)'과 '지을 조(造)'가 합쳐진 낱말이다.

'날(捏)'을 뜯어보면 해(日 · 일)가 비추듯 흙(土 · 토)을 손(扌 · 수)으로 주물러 빚는다는 뜻을 담았다. 그래서 '반죽할 날'이라고도 하는 이 글자는 사실 '날조' 말고는 좀처럼 만나기 힘들다.

'조(造)'는 뛰어가(辶 · 착) 알리는(告 · 고) 모습을 그렸기에 본래 '나아가다'란 뜻이었으나, 계획을 알린다는 의미를 담게 되어 '만들다'란 뜻을 갖게 되었다 한다. 그리하여 배를 만드는 '조선소(造船所)', 술이나 간장 등을 담근다는 '양조(釀造)', 가짜를 지어낸다는 '조작(造作)' 등에 쓰인다.

날조에는 거짓으로 꾸민다는 뜻이 담겼기에 좋은 의도로 쓰일 수가 없으며, 관용적으로는 아무 근거 없이 널리 퍼진 소문을 뜻하는 유언비어와 주로 짝이 되어 쓰인다. "아이돌 그룹의 아무개가 실은 유부남이란 유언비어를 날조한 악플러가 구속됐다"는 식이다.

농락 籠絡;

바구니 농 / 이을 락

새장 안에 갇힌 새를 가지고 놀듯

포위망 속에서 상대 마음대로 휘둘리는

듣기만 해도 기분이 나빠지는 말이 있다. 시쳇말로 가지고 논다는 뜻의 '농락(籠絡)'이 그렇다. 사전 풀이로는 남을 교묘한 꾀로 휘잡아서 제 마음대로 놀리거나 이용한다는 뜻으로, 농락은 하고 싶지도 않거니와 당하기는 더더욱 싫다.

예를 들어 농구 경기에서 끝나기 1분 전에 20점 앞선 팀이 보란 듯이 덩크슛을 넣거나 야구 경기에서 10점 앞선 팀이 9회 초 도루를 시도할 때 "상대 팀을 농락한다"고 한다. 이런 행위는 기량 차이로 지는 것도 서러운 상대 팀을 놀리는 짓이다.

어쨌거나 이럴 때 쓰이는 농락은 '바구니 롱(籠)'과 '이을 락(絡)'

이 만난 낱말이다. '농(籠)'은 대나무(竹 · 죽)를 용(龍 · 용)처럼 구부린 것, 즉 바구니를 형상화한 글자다. '농구(籠球)'는 영어 'basketball'을 그대로 한자로 옮긴 것이다('basket'이 바구니를 뜻한다). '낙(락)(絡)'은 실(糸 · 사)로 각각(各 · 각)을 이은 모양을 나타낸 글자로, 어떤 사실을 상대에게 알린다는 뜻의 '연락(連絡)' 같은 낱말에 쓰인다.

농락이 제 마음대로 놀리거나 이용한다는 뜻을 갖게 된 데는 두 가지 설명이 있다. 먼저 농락에서 '농'은 새집을, '락'은 고삐를 뜻하는 말로, 새집에 갇힌 새는 마음대로 할 수 있고 고삐가 있으면 소나 말을 뜻대로 부릴 수 있다는 뜻에서 갖고 논다는 뜻을 갖게 되었다고 푼다.

다음으로 농락은 각 글자가 모두 두르고 감싼다는 뜻을 가졌기에 포위한단 뜻이며, 포위를 한 뒤 수중에 든 상대를 마음대로 할 수 있어 그런 뜻을 갖게 되었다는 설명이 있다.

적에게 둘러싸여 성문을 굳게 닫고 성을 지킨다는 '농성(籠城)'에도 '바구니 롱'이 쓰인 것을 보면 두 번째 설명도 나름 설득력이 있다.

한편 새장은 구속을 비유하는 말로 자주 쓰인다. 새장 안의 새를 한자어로 '농중조(籠中鳥)'라 하는데, 이는 얽매여 자유가 없는 상태를 일컫는 표현이다.

또 있다. “결혼은 새장 같다. 바깥의 새는 새장 안으로 들어가려 애쓰지만 안에 있는 새는 기를 쓰고 밖으로 나오려고 한다”는 풍자도 있다. 결혼을 달콤한 구속으로 보아, 훤히 들여다보이는 새장에 견준 말이다.

답습 踏襲;

밟을 답 / 이어받을 습

예로부터 해오던 방식이나 수법을
그대로 밟아 나가다

우리말로는 나그네쥐라 하는, 레밍이란 들쥐가 있다. 노르웨이에 사는 이 종족은 3~4년마다 집단 자살을 하는 것으로 유명하다. 수가 많아지면 먹이도 줄어들고 스트레스가 쌓이는 바람에 무리를 지어 절벽 아래로 몸을 던져 죽음으로써 적절한 수를 유지한다는 것이다(잘못 알려졌다는 주장도 있다).

그 모습을 상상해보자. 무리 가운데 어떤 쥐가 먼저 절벽 끝으로 달려가 뛰어내리고 다른 쥐들이 그 뒤를 따라 줄지어 뛰어내리는 모습은 우리 인간의 눈으로 볼 때 정상이 아니다. 비록 그것이 본능에서 비롯된 생존의 지혜라 해도, 다른 곳으로 이주하든지 다른 먹이를 찾든지 하는 편이 훨씬 나을 것이다. 이런 레밍의 생태를 인구가 과밀한 사회 행태를 연구하는 데 적용하기도 하는데, 어쨌든 이런 쥐들의 행동은 '답습(踏襲)'이란 말로 표현할 수 있다.

'밟을 답(踏)'과 '이어받을 습(襲)'이 만난 이 낱말은, 예로부터 해오던 방식이나 수법을 좇아 그대로 행한다는 뜻이기 때문이다. '습(襲)'은 용(龍·용)이 갑자기 비를 내려 옷(衣·의)을 젖게 하는 경우를 그린 글자다. 엄습하다란 뜻도 있어 갑자기 상대를 덮쳐 친다는 '습격(襲擊)', 습격을 당하다란 뜻의 '피습(被襲)'에도 쓰인다. '답(踏)'은 발(足·족)을 활발하게(沓·답) 움직이는 모습을 나타낸 글자다. 그래서 제자리걸음을 뜻하는 '답보(踏步)', 현장에 직접 찾아가 조사하는 '답사(踏査)'에 이 글자가 쓰인다.

그런데 답습은 창조와 발전이 아니라 옛것을 그대로 따라 한다는 의미여서 대체로 좋지 않은 뜻으로 쓰인다. "한국 경제는 일본의 '잃어버린 10년'을 답습하고 있다"거나 "요즘 젊은 한국 화가들은 선배들의 수법을 답습하고 있다"는 식이다. 물론 옛 전통이나 상식을 그대로 따른다고 해서 다 나쁜 것은 아니다. 상식의 경우를 보자.

상식적인 사람은 사회를 지탱하고, 몰상식한 사람은 사회를 난처하게 만든다. 그러면 탈상식적인 사람은? 사회를 발전시킨다. 전통과 상식을 고집만 할 것도 아니고, 마냥 무시해서도 안 된다. 그중 옳은 것, 바람직한 것은 지키고 따르면서도 그렇지 못한 것은 고치고 더하는 자세가 진정한 의미의 계승일 것이다.

등한 等閑;

가지런할 등 / 한가할 한

평소처럼 한가하게 보내며 마음 쓰지 않다

관심이 없으니 늘 그렇듯 대수롭지 않다

시험을 앞두고 갑작스레 하는 벼락치기 공부는 바람직하지 않다. 시험 점수는 좋게 나올지 몰라도 급히 공부한 내용은 그만큼 금방 잊어버리기 때문이다. 그래서 부모나 교사는 평소 예습과 복습을 철저히 하라고 거듭 이야기한다.

그런데 벼락치기 공부보다 더 안 좋은 것이 있다. 아예 공부를 하지 않는 것이다. 시험 날이 다가오는데 아이가 평소와 똑같이 일어나고, 잠자고, 놀 것 다 놀면서 책은 들여다보는 둥 마는 둥 하면 부모는 얼마나 속이 탈까? 이런 학생에게 딱 맞는 말이 있다. "공부를 등한히 한다"는 것이다.

'등한(等閑)'은 '가지런할 등(等)'과 '한가할 한(閑)'이 합쳐진 말로, 무언가에 관심이 없거나 소홀함을 뜻한다.

'등(等)'은 절(寺·사) 주변의 대나무(竹·죽)가 고르게 자라 있는 모습을 형상화한 문자이니, 차별 없이 고르고 한결같다는 뜻의 '평등(平等)'에서는 '가지런할 등'으로 쓰이는 등 주로 '같다'의 의미를 지닌다. 또 같은 무리에서 순서를 매길 경우도 있어 '차례 등' 또는 '무리 등'이란 뜻도 갖기에 '일등(一等)'에도 쓰이는 등 다양하게 활용된다.

그렇다면 등한에서 '등'은 무엇이 같다는 의미로 쓰였을까? 늘 그랬듯이 대수롭지 않게 평소와 같다는 뜻을 담았다. 예를 들면 시험이 코앞에 닥쳐도 평소처럼 보내는 경우다.

'한(閑)'은 문(門) 안에서 나무(木·목)를 가꿀 정도라고 하면 어떨까? 나무를 키우는 직업을 가진 분들에게 미안한 이야기지만, 특별히 할 일이 없이 한가하다는 뜻을 이런 모양의 글자로 나타냈다. 이 '한가할 한'과 음과 뜻이 같은 글자가 있는데, 문(門) 안에서 달(月·월)을 바라보고 즐길 정도라는 '한(閒)'이다.

평소처럼 한가하게 보내며 마음 쓰지 않는 모습, 그것이 바로 등한이다. 그런데 '한가할 한'이 들어간 말로 꽤 가치 있는 표현이 있으니, 바로 '바쁠 망(忙)'과 만난 '망중한(忙中閑)'이다. 망중한은 바쁜 가운데 잠깐 얻어낸 여유를 가리키는 말로, 같은 한가함이라도 떳떳하다. 예를 들면 하루 종일 정신없이 공부하다 잠시 틈을 내어 컴퓨터게임을 하는데 어머니에게 들켰다. 어머니가 싫은 소리를 한다면 "망중한을 즐기는 거예요"라고 당당히 말할 수 있다. 하지만 한 시간 공부하고 한 시간 게임을 하면서 이 말을 했다간 틀림없이 혼날 것이다.

매력魅力;

흘릴 매 / 힘 력

도깨비에게 홀리듯 끌리다

이유를 알 수 없이 사람을 끌어당기는 힘

학급에서 유난히 인기가 많은 학생이 있다. 공부나 운동 또는 외모가 특별히 빼어난 것도 아니고, 그렇다고 돈을 펑펑 쓰며 잘 사주는 것도 아닌데 말이다. 마음이 따뜻하거나 친구들 말을 잘 들어주는, 뭐 그런 성품에 친구들이 끌리는 것일 게다. '매력(魅力)' 있는 친구다.

개인적 관계에서도 마찬가지다. 많은 사람들이 별로라고 해도 자기 혼자만 좋고 친해지고 싶은 그런 사람이 있을 수 있다. 주변에선 고개를 갸웃하며 "제 눈에 안경"이라고 하는 경우다. 사람뿐만 아니다. 별난 취미, 기이한 애완동물과도 그런 관계가 될

수 있다.

매력 때문이다. 글자 그대로 풀면, 도깨비 힘이다. 도깨비에게 홀리듯 끌리는 원인을 콕 집어 알 수가 없기 때문이다. '매(魅)'는 귀신(鬼 · 귀)이 못(未 · 미) 된 도깨비나 그 도깨비에 홀려 정신 못 차리는 모습을 그린 글자로, '도깨비 매' 또는 '홀릴 매'라고 한다. 다시 뜯어보면 '귀(鬼)'는 얼굴에 큰 가면을 쓴 사람의 모습으로 도깨비를 나타내는 글자다. '역(力)'은 팔에 힘줄이 돋은 모습을 나타낸 것이라고도 하고, 칼(刀 · 도)의 날을 연장해 무기 곧 힘이 있다는 뜻을 나타냈다는 설명도 있는데, 어쨌건 '힘 력'이라 한다.

이유를 알 수 없이 사람을 끌어당기는 도깨비 같은 힘이 매력이다. 그러니 왜 매력을 느끼는지 그 이유를 알게 되면 매력에서 깨어날 때라는 말도 일리가 있다. 분석해서 설명이 가능한 힘은 매력이 아니란 이야기다.

영어에도 비슷한 말이 있는데 바로 'fascinate'이다. 명사형이 'fascination'인 이 단어는 '(뱀이 개구리와 눈을 마주쳐) 꼼짝 못하게 하다'란 뜻을 갖고 있다. 실제로 그런지는 알 수 없지만, 뱀과 눈을 맞춘 개구리는 옴짝달싹하지 못한단다. 몸에 별 탈이 없는데도 움직이지 못하는 것은 공포가 어우러진 마술적 힘 때문이라 여겨, 이 단어가 '매혹하다'란 뜻으로 쓰이게 되었다는 설명이 있다.

참고로 중국 도깨비를 통틀어 일컫는 '이매망량(魑魅魍魎)'이란 말이 있다. 얼굴은 사람이고 몸은 짐승인 네 발 가진 산도깨비 '이매(魑魅)'와, 물속에 사는 '망량(魍魎)'이 합쳐진 말이다.

사행 射倖;

쏠 사 / 요행 행

뜻밖의 행운을 겨냥하다

요행(僥倖)을 바라고 횡재를 꿈꾸고

유원지 같은 곳에 가면 야바위꾼을 만날 때가 있다. 많은 돈이나 상품을 준다며 회전판 돌리기나 추첨 등에 적은 돈을 걸게 꼬드겨 노름을 벌이는 이들이다. 대체로 속임수를 쓰는 이런 짓을 가리켜 사행(射倖) 행위라 하며 법으로 단속한다.

이때 쓰이는 사행은 '쏠 사(射)'와 '요행 행(倖)'이 합쳐져 만들어진 낱말이다. '사(射)'는 활을 몸(身·신)에 대고 조준해 손마디(寸·촌)로 당겨 쏘는 모습을 나타낸 글자다. 활이나 총을 쏘는 '사격(射擊)', 방향을 되돌린다는 뜻의 '반사(反射)'에 쓰인다. '쏘다'란 뜻에서 목표를 향해 가다, 다시 구하다란 뜻을 갖게 되었다.

'행(倖)'은 행운 중에서도 뜻밖의 행운을 가리킨다. '행복할 행(幸)', '바랄 행'과 거의 같은 뜻이지만, 복권 당첨 같은 행운을 바라는 사람들이 많음을 나타내려는지 여기에 사람(亻·인)을 붙였다.

그런데 행복, 행운, 다행 등에 쓰이는 '행복할 행'에는 뜻밖에도 깊은 뜻이 담겨 있단다. '행(幸)'은 '매울 신(辛)', '고생할 신'에 '한 일(一)'이 더해져 만들어진 글자로, 행복과 고생은 종이 한 장 차이로 마음먹기에 따라 고생도 행복이 될 수 있음을 보여준다. 글자 하나에 이처럼 깊은 뜻을 담은 데 절로 감탄이 나온다.

한편 '고생할 신(辛)'은 십자가(十·십) 위에 서(立·립) 있는 모양이니 위태롭고 힘든 처지, 바로 고생을 뜻하는 글자다. 또 맵다는 뜻도 가졌는데, 온갖 어려운 고비를 다 겪으며 심하게 고생한다는 뜻의 '천신만고(千辛萬苦)'는 천 가지 매운 맛과 만 가지 쓴 맛을 가리키니, 이를 맛보는 것은 얼마나 고역일까?

'매울 신'이 쓰인 말은 또 있다. 중세 유럽에서 동방과 주로 교역한 물품은 향신료(香辛料)였다. 향신료는 고추, 후추, 파, 마늘 등 맵거나 향기로운 맛을 더하는 양념을 가리키는데, 당시 유럽인들은 후추를 금보다 귀하게 여겼다. 후추는 고기가 상하는 것을 막아주고 강한 향기로 부패한 맛을 덜어주기에 그처럼 귀한 대접을 받았다고 한다.

영향 影響;

그림자 영 / 울릴 향

소리 없이 원래의 효과나 작용이 퍼져
다른 곳에 다다르다

만지지도 보지도 못하지만

어떤 사물의 효과나 작용이 다른 것에 미치는 일이란 뜻의 '영향(影響)'은 주변에서 흔히 만날 수 있는 말이다. "은행 대출 문을 넓힌 정책의 영향으로 집값이 많이 올랐다", "100세 장수 시대의 영향을 받아 사회복지학과의 인기가 높아졌다" 등으로 쓰인다.

이 영향이 눈에 보이지 않듯 표기 한자 역시 실체가 없는 문자로 이뤄졌다. '그림자 영(影)'과 '울릴 향(響)'이 만났기 때문이다. 그림자가 무엇인가? 빛이 어떤 사물을 비춰야 생기는 것으로 실체가 없다. 만질 수도 없고 실제 사물이 움직이는 대로 따라 움직이거나 모양이 바뀐다.

소리의 울림도 마찬가지다. 원 소리를 내는 음원(音源)이 있고 나서 그 소리를 중심으로 퍼져나간다. 뒤따르는, 보이지 않는 것이다. 그래서 소리 없이 눈에 보이지 않게 원래의 효과나 작용이 퍼지는 현상을 가리키게 되었다.

'그림자 영(影)'을 뜯어보면 '별 경(景)'과 '터럭 삼(彡)'이 만난 글자다. 볕은 햇빛을 뜻하고, 터럭은 머리털을 가리킨다. 그러므로 햇빛이 가려 머리카락처럼 어른거리는 것, 즉 그림자를 나타낸다. 영화나 텔레비전 드라마를 찍는 '촬영(撮影)'은 바로 이 글자를 쓴다.

'취할 촬(撮)'은 손가락으로 취한다는 뜻이니, 촬영은 그림자를 모으는 일이란 뜻이다. 영화를 빛과 그림자의 예술이라고도 하는 것은 적합한 표현이다.

'울릴 향(響)'은 시골(鄕·향)에서 소리(音·음)를 치면 산에 울리는 형상을 나타낸 문자다. 물체에서 나는 소리와 그 울림이란 '음향(音響)', 현악기와 관악기 등 다양한 악기들이 어울려 만들어내는 '교향곡(交響曲)' 등에서 이 글자를 볼 수 있다. 메아리란 뜻의 '반향(反響)' 역시 이 글자를 쓴다.

메아리 하면 떠오르는 것이 '야호' 하는 감탄사다. 산 정상에 오른 이들이 한 번쯤은 외쳐보는 소리이기 때문이다. 그런데 무슨 뜻일까? 한자어 '야호(耶許)'라 해서 신 나서 외치는 감탄사가 있다. 여기서 온 말이지 싶은데, '에야디야(소리 지르다)'란 뜻의 영어 'yoho'가 일본을 거쳐 들어오면서 바뀌었다는 이야기도 있다. 어쨌거나 이제는 산에 올라도 야호를 외치지 말자는 의견이 많다. 야생동물이나 다른 등산객에게 좋지 않은 '영향'을 미친다는 이유에서다.

저돌 猪突;

멧돼지 저 / 갑자기 돌

멧돼지처럼 앞뒤 생각하지 않고 내닫거나 덤비다

불쑥 돌진해 일을 처리하다

〈동물의 왕국〉 같은 텔레비전 자연 다큐멘터리 프로그램에서 멧돼지가 달려드는 모습을 본 적이 있는가? 날카로운 송곳니를 앞세워 앞뒤 가리지 않고 씩씩거리며 적을 향해 달려드는 모습을 보면 용감함인지, 막무가내인지 헷갈린다.

이렇게 멧돼지처럼 앞뒤 생각하지 않고 내닫거나 덤비는 모습을 일컬어 '저돌(猪突)'이라 하며, "홍길동 선수의 저돌적인 돌파로 득점에 성공했다"는 식으로 쓰인다.

이때 저돌은 '멧돼지 저(猪)'와 '내밀 돌(突)'로 이뤄진 낱말이다. '저(猪)'는 짐승(犭·견) 같은 것(者·자)이란 뜻이지만 산에 사는

돼지, 즉 멧돼지를 가리킨다. 고기를 쓰려고 집에서 기르는 살(月·월)이 많은 돼지(豕·시)를 뜻하는 돈(豚)과는 구별해서 써야 한다. 참고로 멧돼지라 할 때 '멧'은 '산'을 예스럽게 이르는 '메'란 말에 소유를 뜻하는 사이시옷(ㅅ)을 붙여 '산에 사는', '산의'란 뜻을 가진 접두어다. 산비둘기를 멧비둘기라 하는 것이 그런 예다.

'돌(突)'은 구멍(穴·혈)에서 갑자기 사나운 개(犬·견)가 튀어나와 부딪치는 모습을 나타내는 문자다. 그래서 '갑자기 돌'이라고도 하며, 갑자기 냅다 치는 '돌격(突擊)'이나 뜻밖의 일이 갑자기 일어나는 '돌발(突發)'에서 볼 수 있다. 또 '부딪칠 돌'이라고도 해서 서로 맞부딪치는 '충돌(衝突)'에도 쓰인다.

눈여겨볼 것은 버릇없고 주제넘게 대드는 것은 '당돌(唐突)'이다. 여기서 '당(唐)'은 수(隋)나라에 이어 7세기 초에서 10세기 초까지 중국을 다스렸던 당나라를 가리키는 게 아니라, '크다'란 뜻이다. 그래서 당돌은 원래 크게 부딪친다는 뜻이지만, 여러 사람이 있는 자리에서 어른의 잘못을 지적하거나 말대답을 하는 젊은 사람의 행동을 표현하는 경우에 이런 표현을 쓴다.

당돌은 옳고 그름의 구별이 아니라 어른을 공경하는 유교 문화에선 받아들이기 어려운 태도란 뜻이 담겨 있어 요즘은 잘 쓰이지 않는다. 우리말로 하자면 "싸가지 없다"라고나 할까? 싸가지란 '싹'에 동물의 새끼나 작은 것을 가리키는 접미사 '아지'가 붙어 막 움트기 시작한 싹의 첫머리를 뜻하니, 싸가지가 없다는 것은 잘될 기미가 없다는 비난의 뜻을 담은 표현이다.

폭주 輻輳;

모여들 폭 / 몰려들 주

바퀴살이 바퀴 축으로 모이듯 한곳으로 몰려들다

폭주하면 막히고 느려지기 마련

기업들의 사무실이 몰려 있는 상가 커피숍을 상상해보자. 점심시간이면 줄지어 있는 손님이 많아 주문해놓고도 한참 기다리기 일쑤다. 그러다가 주문한 음료가 아닌 다른 음료가 나왔을 때 종업원에게 불평이라도 하면 "주문이 밀려 정신이 없다"며 사과할 것이다.

이럴 때 "주문이 폭주한다"고 표현할 수 있다. '폭주(輻輳)'는 무슨 뜻일까? 이는 원래 폭주병진(輻輳并臻)에서 온 말로, 수레바퀴 바퀴살이 바퀴통을 중심으로 모여드는 형상을 나타낸다. 이해하기 쉽게 자전거 바퀴를 떠올려보자. 요즘은 디스크 형태로 된 바퀴도 있지만 대부분은 바퀴살이 바퀴를 지탱하는 방식이다. 이 바퀴살들은 축을 중심으로 뻗어 나갔으니 거꾸로 보면 축으로 모여드는 형세다. 여기서 '모여들 폭(輻)'과 '몰려들 주(輳)'로 이뤄진 폭주가 한곳으로 많이 몰려듦을 나타내게 되었다.

'폭(輻)'은 수레(車·차)바퀴 안에 가득한(畐·복) 것, 바로 바퀴살을 뜻하는 글자다. 이야기가 곁으로 흐르지만 '가득할 복(畐)'은 한(一·일) 사람의 입(口·구)을 밭(田·전)에서 난 곡식으로 채운다는 뜻이며, 이것이 땅의 신(示·기)과 만나 신이 채워주는 것, 바로 '복 복(福)'이 되었다. 이 글자는 '행복(幸福)'뿐 아니라 제사가 끝난 뒤 나눠먹는 술과 음식을 가리키는 '음복(飮福)'에도 쓰인다는 사실에서 글자의 기원을 엿볼 수 있다.

'폭(輻)'은 '바퀴살 복'이라고도 하는데, 이는 물리에서 열의 이동 방식 중 하나를 나타낼 때 쓰인다. 열이 이동하는 방법에는 금속 등 물체를 통해 옮겨 가는 전도(傳導), 공기나 물의 순환에 따라 옮겨 가는 대류(對流), 그리고 '복사(輻射)'가 있다. 복사는 열이 물체를 통하지 않고 전자기파 형태로 이동하는 것으로, 전자기파가 사방으로 방출되는 것이 바퀴살이 뻗어 가는 것과 비슷하다 해서 이렇게 부른다.

'몰려들 주(輳)'는 수레(車·차)가 모이는(奏·주) 것을 나타내며, 폭주 말고는 좀처럼 만나기 힘든 글자다.

그럼 이렇게 뭔가 폭주하면 무슨 일이 벌어질까? 커피숍에서 서비스에 차질이 생기듯 '병목(bottleneck)현상'이 벌어진다. 이는 물이나 술 등이 좁은 병 구멍에 막혀 잘 흐르지 않는 현상을 빗댄 것이다. 갑자기 좁아지는 도로에서 자동차들이 서로 밀려 교통정체 현상이 빚어지거나, 컴퓨터로 여러 가지 프로그램을 한꺼번에 처리하는 바람에 메모리에 부하가 크게 걸려 속도가 느려지는 것이 그런 예다.

해이 解弛;

풀 해 / 늦출 이

활의 시위를 풀어놓듯 느즈러지다

팽팽하던 긴장이나 규율 등을 느슨하게 하다

대학수학능력시험이 끝난 뒤 고3 교실은 수업 분위기가 완전히 흐트러진다고 한다(그렇게 들었다). 여러 가지 이유가 있겠다. 수능을 잘 본 학생들은 나름대로 대학 시험을 준비하느라 마음이 바쁘고, 수능을 망친 학생들은 생각이 많아 수업에 집중할 수 없다. 무엇보다 교사로선 딱히 가르칠 것이 없고 흥이 안 나며, 학생들로선 배워도 쓸 데가 없으니 열의를 보일 리 없다. 그래서 졸업 여행을 가거나, 여고의 경우 화장법 특강을 실시하는 등 정규 수업은 뒷전으로 밀리는 현상이 벌어진다.

이렇게 마음이 풀어진 상태를 '해이(解弛)'라고 한다. "중학교를 졸업하고 고등학교에 입학하기 전에 학생들의 기강이 해이해지기 쉽다"거나 "지도층의 부패가 속속 드러나면서 우리 사회의 도덕적 해이를 부추긴다"는 식으로 쓴다.

여기서 해이는 '풀 해(解)'와 '늦출 이(弛)'가 만난 낱말로, 본래는 활시위를 느슨하게 한다는 의미다. 현악기는 연주하지 않을 때 줄을 조금 풀어놓았다가 연주할 때 제대로 조여 음을 맞추곤 한다. 줄을 항상 팽팽하게 당겨놓으면 오히려 음이 달라지기 때문이다.

활도 그렇단다. 화살을 걸어 쏘는 시위(활줄)를 평소 팽팽하게 해놓으면 모시풀이나 삼 등을 꼬아 만든 시위가 늘어져 탄성을 잃음으로써 쏘는 힘이 약해진다. 그래서 활을 쏘지 않을 때는 시위를 늦춰놓았는데, 이를 '해이'라 한 데서 긴장이나 규율 등이 풀려 느슨해진 마음 상태를 가리키는 말로 쓰인 것이다.

'풀 해(解)'는 소(牛·우)를 뿔(角·각)부터 칼(刀·도)로 가르는 모습을 뜻하는 문자로, 문제를 풀어서 결말을 짓는 '해결(解決)', 생물을 갈라 헤쳐 내부를 보는 '해부(解剖)' 등에서 볼 수 있다. '늦출 이(弛)'는 활(弓·궁)을 또(也·야) 쏘려 느슨하게 해두는 모습을 그린 문자로, 근육이나 긴장이 풀려 느슨해진다는 '이완(弛緩)' 등에서 쓰인다.

그렇다면 '늦출 이'의 반대되는 글자는 무엇일까? '맬 장(張)'

이다. '베풀 장'이란 뜻으로 많이 쓰이지만, 원래 글자 모양은 활(弓·궁)시위를 길게(長·장) 당겨놓은 모습이기 때문이다. 이것이 현악기의 줄을 팽팽하게 당긴다는 '굳게 얽을 긴(緊)'과 만나, 해이나 이완과 맞서 마음을 가다듬어 정신을 바짝 차리는 '긴장(緊張)'이 되었다.

참고문헌

개나라 말 닭나라 국어(오동환 지음, 효형출판, 1995)
뜻도 모르고 자주 쓰는 우리말 사전(이재운 편저, 책이 있는 마을, 2003)
뜻도 모르고 자주 쓰는 우리말 1000가지(이재운 박숙희 편저, 예담, 2008)
뜻도 모르고 자주 쓰는 우리 한자어 1000가지(이재운 조규천 편저, 예담, 2008)
박원길의 한자암기사전(박원길 지음, 예담, 2010)
새한한사전(편집국 편, 동아출판사, 1990)
오염된 국어사전(이윤옥 지음, 인물과사상사, 2013)
우리말 실력을 키워주는 한자(한필훈 지음, 휴머니스트, 2007)
우리말 한자어 속뜻 사전(전광진 편저, LBH교육출판사, 2007)
중국 고전 명언 사전(모로하시 데쓰지 지음, 김동민 외 옮김, 2004)
표준국어대사전(국립국어연구원, 온라인판)
한국인은 한국말을 못한다(오동환 지음, 세시, 1997)
한자는 내 친구(서상일 지음, 가교출판, 2004)
한자야 미안해 시리즈(하영삼 지음, 랜덤하우스, 2007)
한자어원사전(하영삼 지음, 2014)
한자어 의미 연원사전(김언종 조영호 지음, 다운샘, 2008)
한자의 뿌리 1, 2(김언종 지음, 문학동네, 2001)
한자의 수수께끼(아쯔지 데쯔지 지음, 이기형 옮김, 학민사, 1994)

색인

한자어는 공부의 비타민이다

1판 1쇄 인쇄 2015년 7월 23일
1판 1쇄 발행 2015년 7월 30일

지은이 김성희

발행인 김기중
주간 신선영
편집 강정민, 이지예, 김좌근
마케팅 한솔미
펴낸곳 도서출판 더숲
주소 서울시 마포구 동교로 18길 31(서교동) 카사플로라 빌딩 2층 (121-894)
전화 02-3141-8301~2
팩스 02-3141-8303
이메일 thesouppub@naver.com
페이스북 페이지 : @thesoupbook, **트위터** : @thesouppub
출판신고 2009년 3월 30일 제2009-000062호

ISBN 978-89-94418-95-7 (03710)